AF538149

Harald Bodenschatz, Christoph Bernhardt,
Stefanie Brünenberg, Andreas Butter

Der erste Flugplatz in Schönefeld

Im Dienst des nationalsozialistischen Krieges

Wasmuth & Zohlen Verlag

Inhalt

Editorial

„Das dunkle Kapitel über die Zeit der Henschel Flugzeug-Werke darf nicht in Vergessenheit geraten. Mit diesem Buch wollen wir aufklären und erinnern."

Engelbert Lütke Daldrup,
Vorsitzender der Geschäftsführung

Die Flughafen Berlin Brandenburg GmbH hat ihren Sitz auf dem einstigen Gelände der Henschel Flugzeug-Werke. Während der Nazizeit war dies eine der bedeutendsten deutschen Rüstungsfabriken für Kampfflugzeuge und Gleitbomben. Der Standort Schönefeld war ein Großprojekt des Reichsluftfahrtministeriums, errichtet für den „Totalen Krieg". In Schönefeld wurden Waffen und Waffensysteme entwickelt, getestet und gebaut, die Tod und Vernichtung in ganz Europa brachten.

Viele Gebäude der Henschel Flugzeug-Werke sind heute noch erhalten. Im großen Verwaltungsbau sind die Geschäftsführung und verschiedene Bereiche der Flughafengesellschaft untergebracht. In Nebengebäuden befinden sich Büros, Werkstätten, Konferenzräume, die Kantine.

Diese Räume werden von Mitarbeiterinnen und Mitarbeitern des Flughafens täglich genutzt. Doch die meisten von uns wissen nur wenig über die damalige Funktion der Gebäude und Anlagen. Wir können uns den Umfang der Rüstungsproduktion in den einstigen Henschel-Werken kaum vorstellen, wir haben kein Bild von der Technik, mit der todbringende Waffen optimiert worden sind. Die Flughafengesellschaft will sich mit der Besonderheit ihres Standortes offensiv auseinandersetzen und die bisher kaum bekannte Geschichte des Luftfahrtstandorts Schönefeld während der NS-Diktatur aufbereiten. Deshalb haben wir namhafte Historiker gebeten, unsere Standortgeschichte zu erforschen und zu dokumentieren.

In den Henschel-Werken in Serie gebaute Flugzeuge töteten Soldaten wie Zivilisten. Sie waren an der Zerstörung von Städten etwa in Spanien, den Niederlanden, England, Polen, Jugoslawien und der Sowjetunion beteiligt. Die großen Hallen, in denen Flugzeuge, Flugzeugteile und Waffensysteme hergestellt worden sind, existieren heute nicht mehr. Auch die Arbeitslager sind großteils verschwunden.

Hier in Schönefeld arbeiteten neben Deutschen vor allem aus Berlin und Brandenburg auch viele Ausländerinnen und Ausländer für die Aufrechterhaltung der Kriegsproduktion. „Fremdarbeiter" aus den besetzten Gebieten, insbesondere Zwangsarbeiterinnen und Zwangsarbeiter aus der Sowjetunion und Polen, Kriegsgefangene, Frauen und Mädchen aus Konzentrationslagern mussten unter menschenunwürdigen Bedingungen Nachschub für die deutsche Vernichtungsmaschinerie produzieren, die ihre eigene Heimat zerstörte. Für viele war Schönefeld ein Schreckensort, wo Hunger, Krankheit und Tod zum Alltag gehörten.

Wir können uns heute das Ausmaß von Leid und Entbehrungen nur schwer vorstellen. Hier in diesem Buch ist die Arbeitskarte und Arbeitsplakette einer Zwangsarbeiterin aus Lodz abgebildet, die all das Leid überlebt hat. Zahlreiche Menschen sind an Entkräftung und Krankheit gestorben. In einem Lager der Henschel-Werke musste deshalb eine Leichenhalle errichtet werden.

Das dunkle Kapitel über die Zeit der Henschel Flugzeug-Werke darf nicht in Vergessenheit geraten. Mit diesem Buch wollen wir aufklären und erinnern. Und wir wollen auch ein Signal setzen: Der Luftfahrtstandort Schönefeld und damit der neue Flughafen Berlin Brandenburg Willy Brandt stehen heute für ein friedliches Miteinander der Menschen, für Freiheit und Völkerverbundenheit, für Toleranz und Respekt. Über alle Grenzen hinweg.

Einleitung

Der Flughafenstandort Schönefeld hat eine Geschichte, die bis in die Anfangszeit der nationalsozialistischen Herrschaft zurückreicht. Der erste, dort 1934 angelegte Flugplatz war eine Stätte der Rüstungsproduktion, Sitz der Henschel Flugzeug-Werke, Standort einer Fabrik für Sturzkampfbomber, für Gleitbomben und andere Waffensysteme. Das Gelände der Henschel Flugzeug-Werke in Schönefeld mit seinen zeitweise weit über 10.000 dort Arbeitenden war Teil eines der größten Ballungsgebiete der Luftwaffenrüstung weltweit, Ausdruck auch des radikalen Wandels der deutschen Hauptstadt während der nationalsozialistischen Diktatur. Nach dem Krieg war der Werksflugplatz über Jahrzehnte weitgehend vergessen.

Die Publikation möchte diese wenig bekannte Geschichte auf der Basis wissenschaftlicher Recherchen einem breiten Publikum vermitteln. Sie präsentiert bisher verstreute und meist nur für kleine Zirkel zugängliche Informationen und neue Forschungsergebnisse. Damit werden erstmals der Aufbau der Henschel Flugzeug-Werke samt Flugplatz, die dortige militärische Produktion und Forschung und die Bedeutung dieses Standorts in der Rüstungslandschaft des Berliner Raums im Zusammenhang vorgestellt. Hervorzuheben ist die Einbindung des Pioniers der Computertechnik, Konrad Zuse, in die militärische Forschung. Es folgt schließlich ein Blick auf die Veränderungen in der unmittelbaren Nachkriegszeit. Besonders zu unterstreichen ist die europäische Dimension dieser Flugzeugwerke, die sich im Einsatz von Zwangsarbeiterinnen und Zwangsarbeitern aus vielen Ländern und in der Zerstörung zahlreicher Städte Europas durch in Schönefeld produzierte Flugzeuge und Bomben zeigte.

01
Ganzseitige Werbung der Henschel Flugzeug-Werke A.G. Schönefeld im Sonderheft „Wir kämpften in Spanien" der Zeitschrift „Die Wehrmacht", 1939. Gefeiert wurde die große Hilfe des nationalsozialistischen Deutschlands für den Sieg der Putschisten unter General Franco im Spanischen Bürgerkrieg 1936–1939.

Eine Rüstungsfabrik mit Flugplatz
Standort, Planung, Gebäude

Die Schönefelder Flugzeugwerke mit Werksflugplatz entstanden „aus dem Nichts".[2] Am 25. Juli 1934 traf der Kasseler Unternehmer Oscar R. Henschel die folgenschwere Entscheidung, ein bis dahin unscheinbares, 18 Kilometer südöstlich der Reichshauptstadt gelegenes Gelände zwischen den Dörfern Schönefeld und Diepensee für die Henschel Flugzeug-Werke AG (HFW) zu nutzen. Ein holpriger Acker verwandelte sich in einen der wichtigsten Produktionsstandorte für die offiziell noch gar nicht existente Luftwaffe der nationalsozialistischen Diktatur. Die Werke wurden zum ersten Großprojekt der Luftrüstung im Raum Berlin,[3] sie waren – so die damalige Propaganda – ein „Musterbeispiel eines neuzeitlichen Fabrikbaues im Dritten Reich"[4], ja eines der „modernsten Unternehmen der Welt"[5]. Hinter der Entscheidung für Schönefeld stand eine mächtige Behörde: das vom Reichskommissar für die Luftfahrt, Hermann Göring, geführte Reichsluftfahrtministerium.

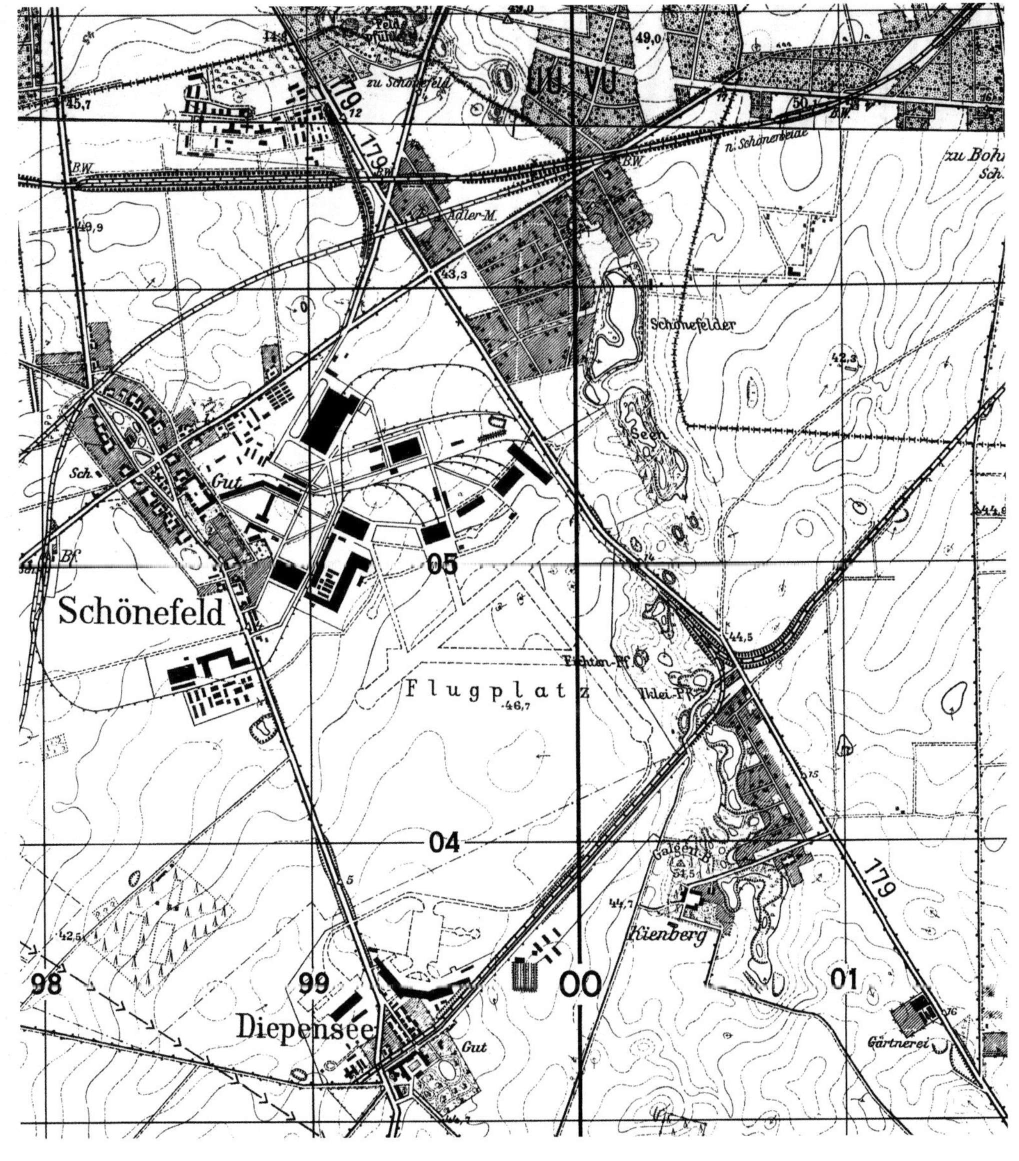

02
Der Werksflugplatz der Henschel Flugzeug-Werke, Stand Anfang der 1940er Jahre. Das Flugfeld mit seinen Start- und Landebahnen erstreckte sich zwischen den Dörfern Schönefeld im Nordwesten und Diepensee im Süden. Im Osten wurde das Gelände von der Ausfallstraße 179 begrenzt, der wichtigsten Straßenverbindung nach Berlin, auf der zur Versorgung der Flugzeugwerke eine Straßenbahn von Rudow kommend angelegt wurde. Die Werksanlagen lagen unmittelbar östlich des Dorfes Schönefeld. Rechts des Wortes „Gut" ist das trapezförmige Verwaltungsgebäude mit „Kameradschaftshaus" zu erkennen, weiter im Osten sind zahlreiche Hallen zu sehen, die mit Gleisanlagen erschlossen wurden. Diese bildeten einen leichten Halbkreis im Süden und eine gerade Linie im Norden, ergänzt um größere Anlagen im westlichen Bereich. Nördlich des Dorfes Diepensee öffnete sich ein Baukomplex zum Flughafen hin: die Luftfahrterprobungsstelle. Südlich und nordöstlich des Dorfes Schönefeld sind zwei Lager zu erkennen (Lager IV und Lager I+II).[1] Insgesamt wird deutlich, dass das isolierte und geheim gehaltene Gelände umfassend durch Straßen und Bahnanlagen erschlossen war. Wie andere Rüstungsstandorte (besonders der nach dem Versailler Vertrag nicht erlaubten Luftwaffe) fand sich dieser Standort nicht auf den Karten, nicht einmal auf dem Generalbebauungsplan von Albert Speer.

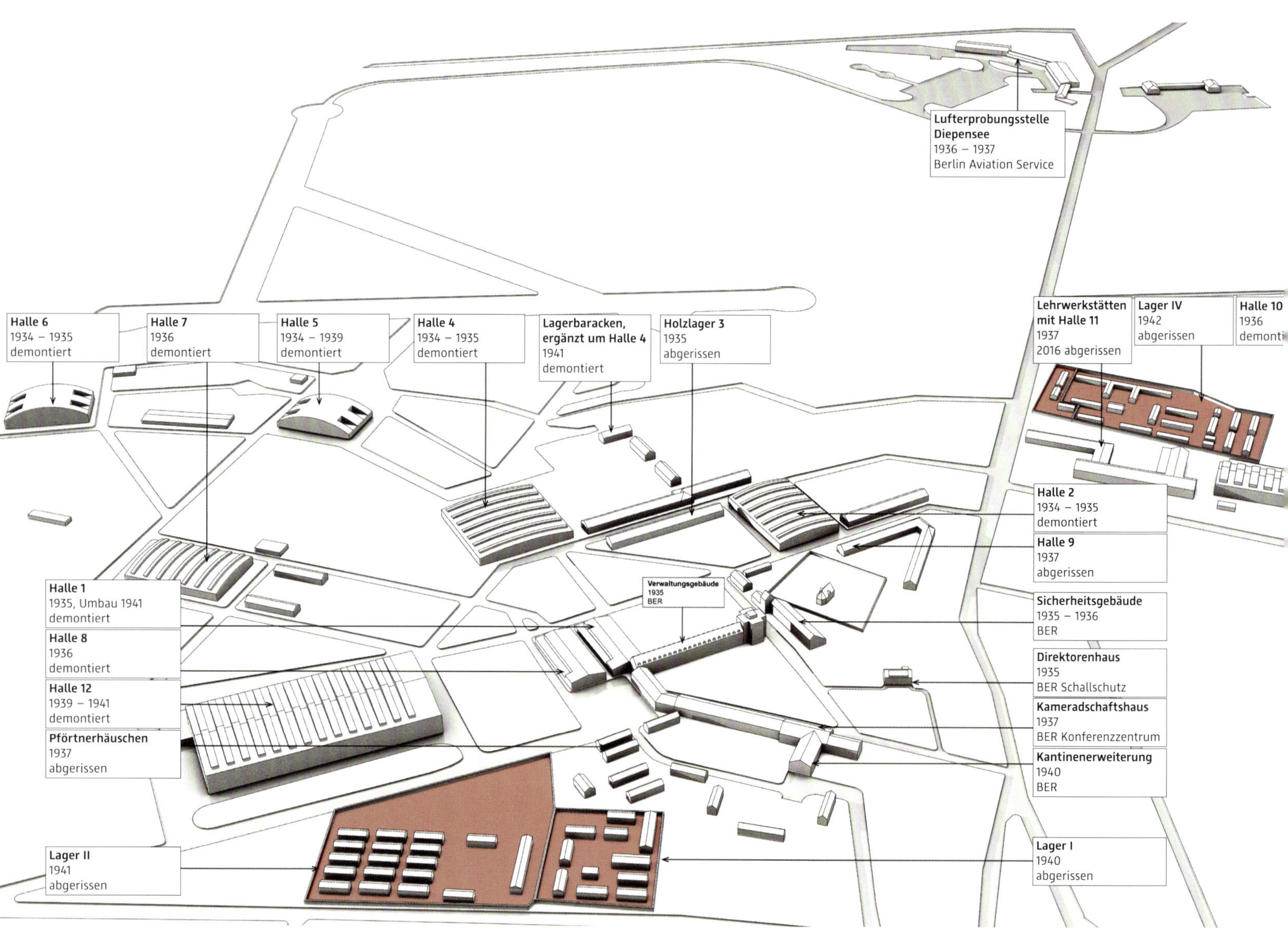
Lufterprobungsstelle Diepensee
1936 – 1937
Berlin Aviation Service
Halle 6
1934 – 1935
demontiert
Halle 7
1936
demontiert
Halle 5
1934 – 1939
demontiert
Halle 4
1934 – 1935
demontiert
Lagerbaracken, ergänzt um Halle 4
1941
demontiert
Holzlager 3
1935
abgerissen
Lehrwerkstätten mit Halle 11
1937
2016 abgerissen
Lager IV
1942
abgerissen
Halle 10
1936
Halle 2
1934 – 1935
demontiert
Halle 9
1937
abgerissen
Verwaltungsgebäude
1935
BER
Sicherheitsgebäude
1935 – 1936
BER
Halle 1
1935, Umbau 1941
demontiert
Halle 8
1936
demontiert
Direktorenhaus
1935
BER Schallschutz
Halle 12
1939 – 1941
demontiert
Kameradschaftshaus
1937
BER Konferenzzentrum
Pförtnerhäuschen
1937
abgerissen
Kantinenerweiterung
1940
BER
Lager II
1941
abgerissen
Lager I
1940
abgerissen

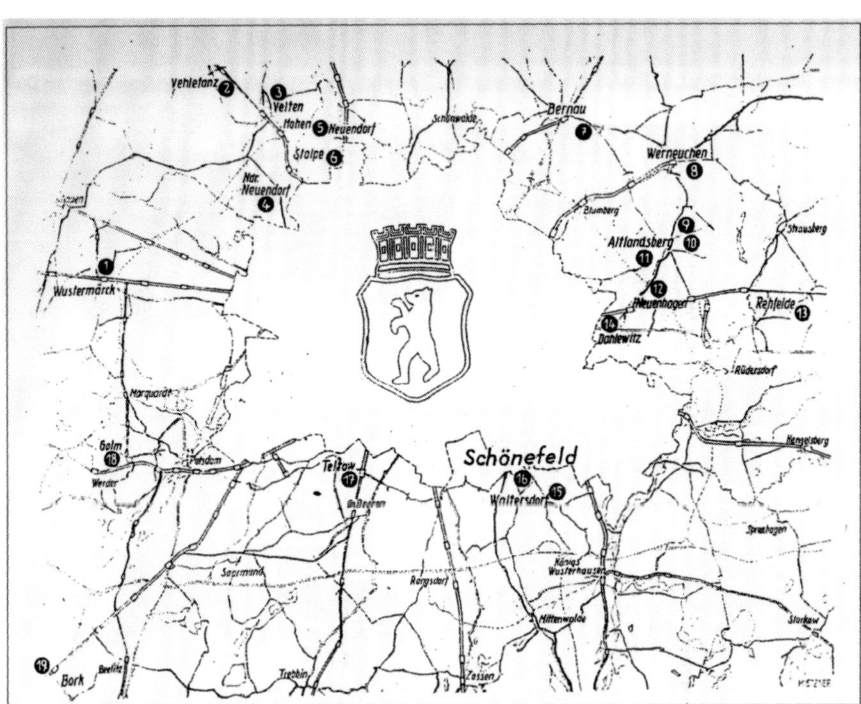

03
Der Werksflugplatz mit den Henschel Flugzeug-Werken in Schönefeld bei Berlin. Im Vordergrund erstreckt sich das Werksgelände. Deutlich sichtbar sind die großen Montagehallen, aber auch das trapezförmige Verwaltungsgebäude (Direktionsgebäude) mit „Kameradschaftshaus", das sich nach rechts öffnet. Hinter dem Flugplatz ist die Luftfahrterprobungsstelle Diepensee zu erkennen. Farblich hervorgehoben sind die Zwangsarbeitslager. An den wichtigsten Gebäuden sind die Bauzeit und die heutige Nutzung vermerkt.

04
Im Jahr 1934 standen insgesamt 19 Standorte für eine neue Produktionsstätte der Henschel Flugzeug-Werke zur Diskussion. Ausgewählt wurde ein Ackergelände zwischen den Dörfern Schönefeld und Diepensee.

05
Die Henschel Flugzeug-Werke im Bau, Foto 1934. Der Kasseler Unternehmer Oscar R. Henschel hatte die Flugzeugwerke am 30. März 1933 gegründet. Originalbildunterschrift (1939): „Aufbau ohnegleichen! Bis zu 150 Waggons rollten täglich über die Gleise des mit Riesenschritten emporwachsenden Henschel-Werkes Schönefeld."

Baubeginn

Mit der für die nationalsozialistische Diktatur typischen fieberhaften Eile wurde das Ackerland in einen Produktionsstandort umgewandelt. Da der Großgrundbesitzer der Ländereien, Karl Wrede, „Schwierigkeiten" machte, wurde die „Zulässigkeitserklärung" einer Enteignung vorbereitet, die von Hitler und Göring unterzeichnet wurde.[6] Oscar R. Henschel konnte schließlich am 21. Juni 1935 mit Wrede einen Kaufvertrag abschließen,[7] doch schon am 15. Oktober 1934 hatten die Bauarbeiten begonnen.[8] Für den Transport des Baumaterials mussten Bahngleise zur Beförderung von Gütern und Menschen verlegt werden, eine Brunnenanlage sorgte für Wasser, die Stromversorgung musste gewährleistet werden, neue Straßen und Wege wurden angelegt.[9] Die zeitgenössische Propaganda prahlte: „Ein Werk von der Größe einer Kleinstadt war im Entstehen."[10]

Am 5. Mai 1935 startete die Produktion der Flugzeuge.[11] Das neue Werksgelände war ein Vorzeigeprojekt des nationalsozialistischen Industriebaus. Seitens des Reichsluftfahrtministeriums wurde es 1935 als „das modernste, nach neuen Gesichtspunkten aufgebaute Flugzeugwerk" gepriesen.[12] Zum Modellcharakter gehörte auch der Kult der Schnelligkeit: „Auf Rübenäckern und Kornfeldern entstand im Verlauf dreier Jahre das Werk Schönefeld der Henschel Flugzeug-Werke."[13]

Verantwortlich für die Gestaltung der Werksanlage war seit dem 8. August 1934[14] der Architekt Otto Biskaborn, Baudirektor der Henschel Werke in Kassel. Wichtig für die in Schönefeld gewählte städtebauliche Form war nach Worten von Biskaborn – anders als bei früheren Fabrikbauten – der Luftschutz, der zu einer baulichen Unterteilung der Produktionsabschnitte führte.[15] Auf städtebauliche Achsen und Symmetrie wurde, so der Architekt weiter, bewusst verzichtet, ebenso auf jeden architektonischen Schmuck. Dagegen wurde auf „klare Zweckform bis in die kleinsten Einzelheiten" Wert gelegt.[16] In einer Propaganda-Veröffentlichung des Reichsverbandes der deutschen Luftfahrtindustrie vom Herbst 1938 hieß es: „Halbheiten und Notlösungen wurden vermieden, es wurde ohne Luxus aber gediegen gebaut und die im Zweckbau mögliche Schönheit erkannt und zum Ausdruck gebracht."[17] Das Ergebnis war – so Biskaborn stolz zusammenfassend – ein „Gesamtwerk aus einem Guß".[18]

Verwaltungsgebäude

Die Architektur der Flugzeugwerke sollte dauerhaft sein, sparsam, funktional und Ausdruck der neuen Zeit. Das wichtigste Gebäude des ersten Bauabschnitts der „Luftwaffenschmiede“[19] und den Mittelpunkt der gesamten Anlage bildete das von Otto Biskaborn entworfene Verwaltungsgebäude, für das bereits am 17. Januar 1935[20] der Grundstein gelegt wurde. Später wurde es um das „Kameradschaftshaus“ ergänzt und formt mit diesem ein nach Südwesten hin offenes Trapez. Der asymmetrische Baukomplex wirkt durch das durchgängige Fassadenmaterial – Verblendklinker in Verbindung mit Muschelkalkstein – sehr einheitlich. Allerdings deutet sich in der langen Reihung von Gauben im Dachgeschoss ein vereinfachter Regionalismus an. Dagegen erinnert der quergelagerte, viergeschossige Kopfbau auf kreuzförmigem Grundriss ein wenig an rationalistische Bauten des italienischen Faschismus: Ehemals flankiert von Fahnenmasten und erschlossen von einer Freitreppe, dominiert seine durchgehende, hartkantig ausgebildete Pfeilerkolonnade den Vorplatz. Hinter dem Portikus öffnet sich eine großzügige Empfangshalle, die ganz in Muschelkalkstein ausgeführt ist. Ihr einziger „Schmuck“, so die Worte von Biskaborn, war eine Parole Adolf Hitlers: „Der wahre Sozialismus aber ist die Lehre von der härtesten Pflichterfüllung“. Oberhalb des Erdgeschosses finden sich zwei Normalgeschosse, von denen das erste durch eine auf den Vorplatz ausgerichtete Loggia betont wird – eine dezente Variante des in den 1930er Jahren verbreiteten „Führerbalkons“. Dagegen zeigt das Dachgeschoss deutlich niedrigere Fenster. In diesem Kopfbau war die Direktion der Flugzeugwerke untergebracht. Es dient heute u. a. als Sitz der Geschäftsführung der Flughafengesellschaft Berlin Brandenburg GmbH. Für den damaligen Direktor der Flugzeugwerke, Walter Hormel, wurde – etwas abseits platziert, aber gut zu Fuß erreichbar – ein schlichtes zweigeschossiges Giebelhaus als Wohngebäude errichtet.

06
Im Hintergrund erhebt sich das Verwaltungsgebäude der Henschel Flugzeug-Werke samt Kopfbau. Der Baukomplex rechts zeigt das Sicherheitsgebäude mit Feuerwehrturm. Im Vordergrund links ist die offene Vorhalle des „Kameradschaftshauses“ zu erkennen. Die großzügigen, durch wenige Bäume und Bänke markierten Freiraumanlagen wirken sehr kahl und streng. Die ganze von Otto Biskaborn entworfene Anlage, hier auf einem Foto von 1939, ist bis heute erhalten.

07
Vorhalle zu den Räumen der Direktion im ersten Geschoss des Kopfbaus mit Blick in das Treppenhaus, Foto 1937

08
Querstehender Kopfbau des Verwaltungsgebäudes mit Terrassendach, Architekt Otto Biskaborn, Foto 1937

09
Blick aus der Vorhalle des Kopfbaus auf das Sicherheitsgebäude mit Feuerwehrturm, ebenfalls von Otto Biskaborn, Foto 1937

10
Empfangshalle im Erdgeschoss des Kopfbaus mit einer Parole von Adolf Hitler, Foto 1937

11
Treppenhaus des Verwaltungsgebäudes mit dem Werkslogo der Henschel Flugzeug-Werke

11

12
Das Verwaltungsgebäude der Henschel Flugzeug-Werke, Blick von Südwesten. Im Vordergrund steht der Direktor der Werke, Walter Hormel. Das lang gestreckte, sachlich gestaltete Gebäude mit den scheinbar unendlichen Fensterachsen offenbart eine strenge Monumentalität.

13
Wohnhaus des Direktors, Gartenseite, Foto 1937. Das Gebäude hat eine Klinkerfassade und als Besonderheit auf der Gartenseite einen Wintergarten. Es ist heute Sitz der Abteilung Schallschutz der Flughafen Berlin Brandenburg GmbH.

14
Pförtnerhaus der Henschel Flugzeug-Werke, Architekt Otto Biskaborn, Foto 1937. Das Gebäude existiert heute nicht mehr.

Hallen für die Flugzeugproduktion

Besonders die übrigen Bauten des Werksgeländes folgten der Forderung: schlicht, streng und „klar". Für die zur Flugzeugproduktion notwendigen Hallenbauten wurden in Schönefeld zwei unterschiedliche Varianten entwickelt. „Die einen, für die Teilmontage, haben zwei Schiffe von je 31 m Spannweite. Die Hallen des anderen Typs, für die Fertigmontage, sind über 64 m frei gespannt und haben zwei Seitenhallen von 18 m Spannweite."[21] Bei allen Hallen handelte es sich um moderne Industriebauten für die Rüstungsproduktion. Keine Halle ist bis heute erhalten geblieben.

15
Teilmontagehalle, Architekt Otto Biskaborn, Foto 1937. Auffällig sind neben der Glasfront mit den beiden Eingangstoren die Reihen der „Dachlaternen". Keine der Hallen existiert mehr.

16
Zwei Fertigmontagehallen, Architekt Otto Biskaborn, Foto 1937. Hier fallen die eingeschnittenen Dachfenster auf.

17
Das Innere einer Fertigmontagehalle mit Blick auf die Stirnseite mit 64 m breitem Ausfahrtstor, Foto 1937. Hervorgehoben ist die Aufhängung der Dachkonstruktion.

Als erste Produktionsbauten entstanden im Oktober 1934 die Hallen 1 und 2 auf dem Gelände der Gemeinde Schönefeld,[22] am 13. September 1935 war die dritte Halle fertig.[22] Es folgten die Hallen 4 und 5. Die Halle 6 wurde im Januar 1936 an das Reichsluftfahrtministerium vermietet, das dort eine Ausstellung über den Stand der deutschen Motorenentwicklung realisierte.[24] Aufgrund der ständigen Produktionserweiterungen wurden 1936 die Hallen 7, 8, 9 und 10 errichtet.[25] Die streng geheime Abteilung für Forschung und Entwicklung war zunächst im Dachgeschoss des Verwaltungsgebäudes untergebracht.[26]

Luftfahrterprobungsstelle Diepensee

Während die Werksanlagen von Henschel nördlich des Flugfeldes in der Nähe des Dorfes Schönefeld ausgebaut wurden, entstand auf der anderen Seite des Flugfeldes, nahe dem Dorf Diepensee, ein weiterer Standort der Luftrüstung: die Erprobungsstelle Luftfahrtindustrie (ELI), später Luftfahrterprobungsstelle Diepensee (LED).[27] Sie wurde auf Wunsch des Reichsluftfahrtministeriums von den Henschel Flugzeug-Werken errichtet, aber nicht selbst genutzt, sondern bot Zulieferbetrieben Raum für eigene Entwicklungsarbeit. Die gesamte Anlage umfasste zwei Hangars mit zusätzlichen Werk- und Büroräumen.[28] Die symmetrisch geordneten Bauten öffneten sich wie ausgebreitete Arme nach Norden in Richtung Flugfeld, wo dann die Erprobungsflugzeuge getestet werden konnten. Der Komplex, von dem nicht bekannt ist, welchen Anteil Otto Biskaborn an der Entwurfserstellung hatte, wurde 1936 in Betrieb genommen. Bald kamen im Umfeld weitere Hallen, kleinere Werkstätten und Testanlagen sowie zwei Einschießplätze hinzu. Von 1955 bis 1962 – bis zum Umzug in die Bauten der ehemaligen Henschel Flugzeug-Werke – war die ehemalige Luftfahrterprobungsstelle in Diepensee der Sitz der DDR-Lufthansa am inzwischen zivilen Flughafen.

18
Luftfahrterprobungsstelle Diepensee im Süden des Flugplatzes, Foto um 1937

Flugplatz

Parallel zum Bau der Hallen wurde der Flugplatz angelegt. Hierfür waren umfangreiche Einebnungs- und Bepflanzungsarbeiten erforderlich. So mussten Löcher verfüllt und Grassamen verstreut werden.[29] Es entstand schließlich ein Pistendreieck aus drei betonierten Start- und Landebahnen mit dünner Asphaltdecke, die eine Länge von zweimal 825 und einmal 960 Meter hatten.[30] „Am 24. April 1935 fanden die ersten Rollversuche und Belastungstests mit einer Junkers W 34 statt."[31] Im Mai 1936 wurde der 1000. Start notiert.[32]

19
Blick von Nordwesten über die Henschel Flugzeug-Werke und den Flugplatz bis zum Dorf Diepensee und die dortige Luftfahrterprobungsstelle, Foto um 1940. Vorne die trapezförmige Anlage des Verwaltungsgebäudes mit „Kameradschaftshaus", die sich nach rechts hin öffnet.

20
Henschel-Kampfflugzeug Hs 124 in der Erprobung auf dem Werksflugplatz, Foto um 1939

„Gefolgschaftsbauten“

Nach dem Bau der Werkhallen wurden die „sozialen Bauten“ geplant, deren wichtigster das so genannte „Kameradschaftshaus“ für die „Gefolgschaft“ der Werke war. Mit „Gefolgschaft“ wurde mit Blick auf das „Führerprinzip“ die deutsche Stammarbeiterschaft bezeichnet. Das „Kameradschaftshaus“ umfasste eine große Küchenanlage, einen Speisesaal für 600 Menschen und ein Gästezimmer. Saal und Zimmer konnten auch für „kameradschaftliche Zwecke“ genutzt werden. Dieser Bau zeigt die durchaus privilegierten Arbeitsverhältnisse für deutsche Arbeitskräfte. Zum zweiten Bauabschnitt gehörten auch die Lehrwerkstätten, die ebenfalls von Otto Biskaborn entworfen und im Oktober 1937 eröffnet wurden. Sie dienten der Förderung des für die Werke so wichtigen Fachkäftenachwuchses. An diesem Gebäude war wiederum eine Parole Hitlers zu lesen: „Du bist nichts, Dein Volk ist alles.“ Die Lehrwerkstätten wurden nach den Erfordernissen des auf Autarkie zielenden Vierjahresplans aus Stein und Holz errichtet, um Eisen einzusparen. Wie das „Kameradschaftshaus“ sollten sie auch den Ansprüchen der „Schönheit der Arbeit“ entsprechen. Sie erhielten das Leistungsschild der Deutschen Arbeitsfront für „vorbildliche Berufserziehungsstätten“.[34] Auch bei den „Gefolgschaftsbauten“ zeigen sich neben sachlicher Gestaltung Elemente regionalistischer Architektur wie etwa abgeschleppte Satteldächer und Rundbogenmotive. Das Sicherheitsgebäude mit seinem Feuerwehrturm erinnert aus der Ferne an eine märkische Dorfkirche. Zu diesen Bauten gehörte schließlich noch die sehr einfach ausgeführte Gefolgschaftsgarage, die zugleich einen Beitrag für die „vom Führer geforderte Motorisierung“ leisten sollte. Sie umfasste auch eine Tankstelle und einen Ort zur Wagenpflege.

21
„Kameradschaftshaus" der Henschel Flugzeug-Werke, rechts die Fenster des Speisesaales, Foto 1939

22
Speisesaal des „Kameradschaftshauses", Foto 1939

23

24

25

23
Lehrwerkstätten mit Vorhof, Foto 1939. Diese Bauanlage diente von 1962 bis 1976 als Abfertigungsstätte des zivilen DDR-Flughafens und wurde 2016 abgerissen.[33]

24
Flügelbau der Lehrwerkstätten, Foto 1939

25
Kraftwagenhalle für die „Gefolgschaft" der Henschel Flugzeug-Werke, Gesamtanlage, Foto 1939

26
Hauptraum der Lehrwerkstätten, Foto 1939

26

Ausbau für den „Totalen Krieg“

Zu Kriegsbeginn am 1. September 1939 war das Flugzeugwerk „vollendet.“ [36] Schwärmerisch hieß es im Buch „Luftmacht Deutschland“: „Auf einer weiten Fläche verteilt liegen die Bauten und Hallen des Werkes, sorgsam dem Gelände angepaßt, einfach und sachlich in ihren Formen.“ [36] Doch auch 1939 war das Werk nicht fertig. Im Laufe des Krieges wuchs der Bedarf an Flugzeugen immens. Schon im September 1939 begann der Bau der größten Montagehalle, der Halle 12.[37] Dazu kamen Anlagen des Luftschutzes und – seit Sommer 1940 – die ersten Barackenlager[38] für Vertragsarbeitskräfte, Zwangsarbeiterinnen und Zwangsarbeiter sowie Kriegsgefangene. Ein großer Teil der deutschen Arbeitskräfte, für die die „Gefolgschaftsbauten“ errichtet worden waren, kam nun an der Front zum Einsatz, seit 1941 vor allem in der Sowjetunion.

Nur wenige Wochen nach Beginn des Zweiten Weltkrieges, am 19. September 1939, besichtigte Oberbaurat Friedrich Hetzelt das Gelände in Schönefeld.[39] Er gehörte der Organisation Speer an und war für Barackenbauten zuständig. Sein Besuch in Schönefeld lässt darauf schließen, dass spätestens zu diesem Zeitpunkt die Suche nach einem geeigneten Standort für Zwangsarbeitslager begann. Das erste Lager entstand im Sommer 1940 nordwestlich der Montagehalle 12, bis zum Sommer 1941 wurde es nach Osten zum Lager II erweitert. Allein im ersten Halbjahr 1941 wurden Baracken für mehr als 1.000 Arbeitskräfte aufgestellt. Die Lager III und IIIa wurden ebenfalls im Sommer 1941 auf dem Werksgelände Johannisthal eingerichtet. Im Februar 1942 begannen die Planungen eines „Russenlagers“, das als Lager IV im Südwesten des Flugplatzes an einer Chaussee zwischen Schönefeld und Diepensee lag. Im gleichen Jahr entstand das Lager V nördlich des Werksgeländes an der (heutigen) Waltersdorfer Chaussee. Dort wurden 81 Baracken für bis zu 3.600 Arbeiterinnen und Arbeiter errichtet. Noch im April 1943 starteten die Bauarbeiten für ein Lager VI gegenüber der Halle 6 und östlich der Straße zwischen Rudow und Waltersdorf. Im August waren dort vier Baracken errichtet, ein weiterer Ausbau wurde durch eine Verfügung des Reichsverteidigungskommissars untersagt.

Seit Sommer 1943 wurden die einzelnen Lager durch Luftschutzmaßnahmen erweitert: Feuerlöschteiche wurden eingerichtet, außerdem begann man mit dem Bau von Stollen und Fliegerdeckungsgräben, in die sich die Gefangenen bei Fliegeralarm zurückziehen mussten. Die Baracken selbst erhielten Tarnanstriche.[40] Bei den Bombenangriffen Ende Dezember 1943 wurden mehrere Baracken in den Lagern III, IV und VI schwer beschädigt.[41] Das Lager VI wurde daraufhin aufgegeben, bei den anderen Lagern bemühte man sich um die Behebung der gröbsten Schäden. In Lager I wurde im Juli 1944 noch ein „Russengefangenenlager“ eingerichtet, im Lager V errichtete man im August 1944 eine „Leichenhalle“.[42]

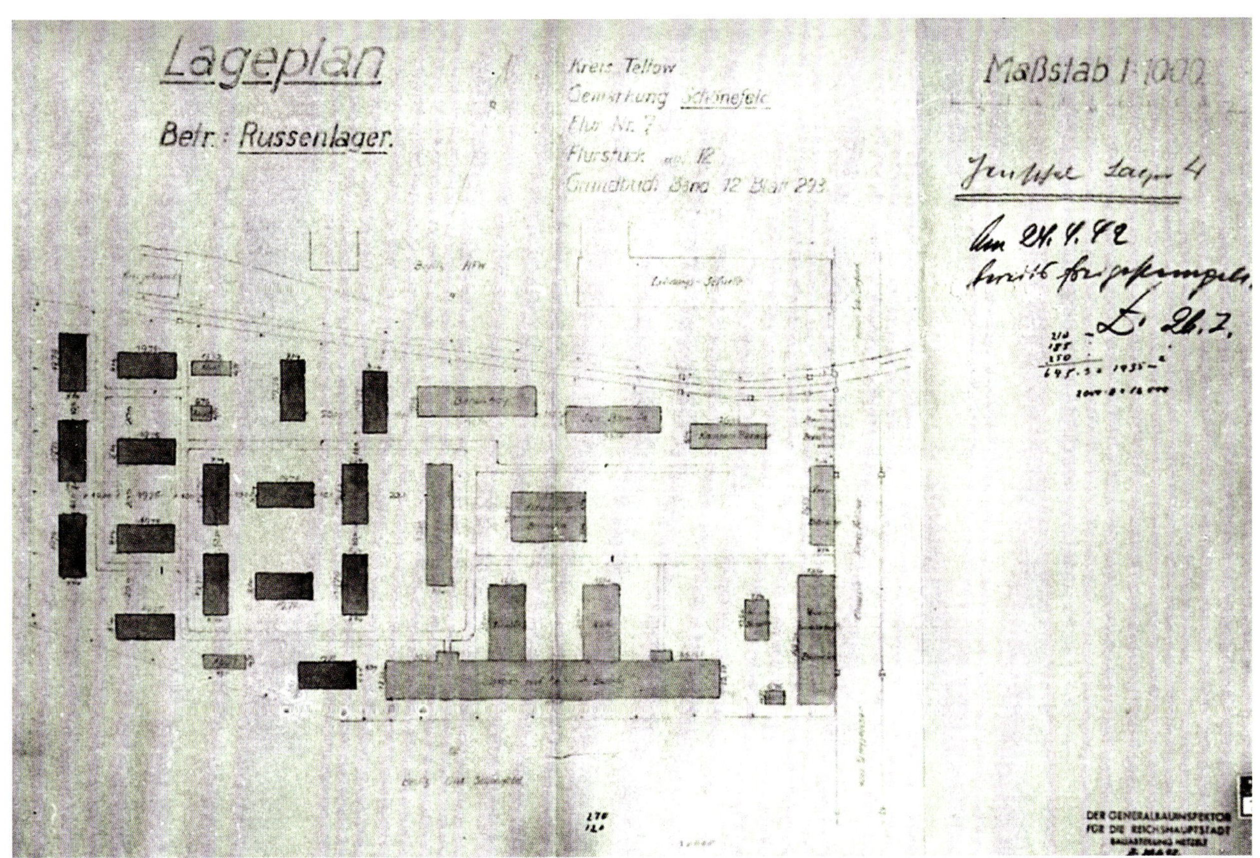

27
Lageplan des Lagers IV, in der Planung als „Russenlager" bezeichnet. Unterschieden wurden Unterkunftsbaracken (dunklere Färbung) und weitere Einrichtungen wie Kantine, Waschküche usw. in hellerer Färbung.

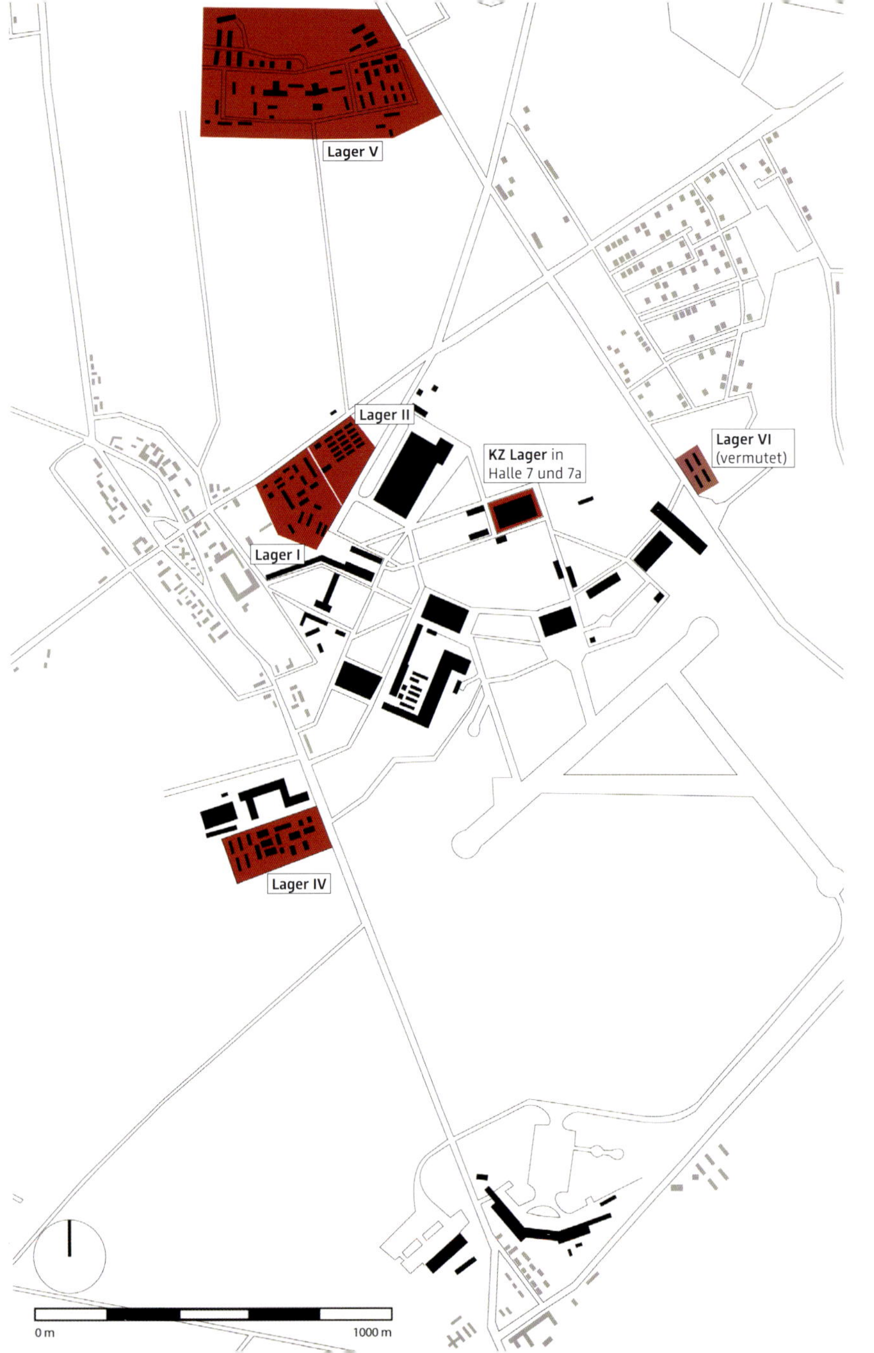

28
Überblick über die Standorte der einzelnen Lager zur Unterbringung der Zwangsarbeitskräfte. Die Darstellung basiert auf einer Karte aus dem Jahr 1942 und wurde entsprechend der Quellenlage ergänzt.

Die Darstellung der Schlichtbauten auf der Karte von 1942 lässt darauf schließen, dass die Lager aus standardisierten Barackenbauten bestanden. Die Mehrzahl der Lager zeigen eine eher unregelmäßige Anlage, lediglich bei Lager II ist ein regelmäßiges Raster zu erkennen. Mit einem Erlass im April 1942 wurden Standardbarackentypen festgesetzt: Häufige Verwendung fand die vom Reichsluftfahrtministerium entwickelte Baracke RLM 501/34, daneben gab es noch die modular erweiterbare Reichsarbeitsdienstbaracke aus Kiefernholz und Spanplatten.[43] Es ist aber nicht mehr nachvollziehbar, welche Barackentypen in den Lagern der Henschel Flugzeug-Werke verwendet wurden.

Überlebende berichteten vor allem von den Lagergrenzen: Doppelte Stacheldrahtzäune und meterhohe Backsteinmauern schirmten das Geschehen nach außen ab und verhinderten jegliche Fluchtversuche.[44] Alle Eingänge waren mit Pförtnerhäusern markiert, teilweise gab es zusätzlich Wachtürme.[45] Die Baracken selbst waren mit zwei- oder dreistöckigen Etagenbetten ausgestattet, teilweise waren einzelne 8-Personen-Stuben voneinander abgetrennt. Als Heizung im Winter dienten kleine Kohleöfen.[46]

Seit 1944 wurden Häftlinge aus den Konzentrationslagern Sachsenhausen und Ravensbrück nach Schönefeld gebracht, wo die Unterbringung von Zwangsarbeitskräften direkt in einer Produktionshalle erfolgte. Entsprechend wurden diese Unterkünfte ab dem 1. September 1944 als Außenlager Henschel (AL Henschel) bezeichnet.[47] Es ist möglich, dass aufgrund der Teilzerstörung der Lager V und VI entschieden wurde, für die KZ-Häftlinge ein neues „Lager" innerhalb der Produktionshalle 7 einzurichten.[48] Dieses „Lager" umfasste Wohn- und Essräume, eine Waschküche, eine Kücheneinrichtung mit Vorratsräumen sowie eine Arrestzelle und im Obergeschoß zunächst 150 Schlafplätze, die aber schon im November 1944 überbelegt wurden.[49] Bei Luftangriffen war es den Häftlingen erlaubt, den Keller der Halle als Schutzraum zu nutzen.[50] Das neue „Lager" bestand bis kurz vor dem Einmarsch der sowjetischen Armee in Berlin am 21. April 1945: In dieser Nacht wurden die verbliebenen Gefangenen auf einen Todesmarsch nach Oranienburg geschickt.

Heute sind Spuren all dieser Lager kaum noch zu finden. Nur von Lager V sind noch bauliche Überreste sichtbar: Die einfachen Bauten aus Ziegelsteinen ganz im Osten des ehemals großen Barackenlagers wurden vermutlich als Lagerräume genutzt.

Produktion für den Krieg
Flugzeuge, Bomben und eine Rechenmaschine

Die Gründung der Henschel Flugzeug-Werke (HFW) durch Oscar R. Henschel als Tochterunternehmen der Firma Henschel & Sohn in Kassel am 30. März 1933 war eine Antwort auf die erst zwei Monate zurückliegende Machtübernahme durch die nationalsozialistische Partei. Da es damals in Deutschland nur wenige Flugzeughersteller gab, eröffnete sich dem bislang im Schienenfahrzeug-, seit 1925 auch im Straßenfahrzeugbau tätigen Unternehmen die Chance, vom Luftrüstungsprogramm der neuen Regierung zu profitieren. Zugleich trieb das gerade installierte Reichsluftfahrtministerium die Konzentrationsprozesse unter den Luftfahrt-Unternehmen voran, wobei sich die privatwirtschaftliche Konkurrenz untereinander und eine staatlich gesteuerte Zusammenarbeit ergänzen sollten.

Da Verhandlungen über eine Zusammenarbeit mit dem Bremer Flugzeugunternehmen Focke-Wulf scheiterten, begannen die Vorarbeiten zur Gründung der Flugzeugwerke unter der Parole „Henschel marschiert allein".[51] Nach ersten Aktivitäten am Flugplatz Berlin-Johannisthal startete die Flugzeugproduktion der Henschel Flugzeug-Werke im Hauptwerk Schönefeld am 5. Mai 1935. Bald entstand – so die Propaganda – „eine neue deutsche Luftwaffenschmiede" oder noch großspuriger: „wahrhaftig eine Stadt der Arbeit".[52]

29
Der „Henschelstern" erschien zwischen 1936 und 1963 als Werkszeitschrift des Henschel-Unternehmens. Neben Bekanntmachungen zu arbeitsrechtlichen Fragen wurde in der Zeitschrift über die Produkte des Unternehmens, Jubiläumsfeierlichkeiten sowie die Freizeitgestaltung der Beschäftigten informiert. Das Titelbild der Ausgabe im Juni 1938 zeigt das Signet der Firma Henschel & Sohn in Kassel (links) neben dem Werkslogo der Henschel Flugzeug-Werke in Schönefeld (rechts). Darunter werden wichtige Bauten der Flugzeugwerke in Schönefeld kurz nach ihrer Eröffnung abgebildet.

Eigene Flugzeugtypen

Der erste eigene Flugzeugtyp aus Schönefeld, der einmotorige Nahaufklärer Hs 122 (Hs steht für Henschel), ging bereits 1935 in die Nullserie. Es folgten weitere Modelle, von denen ein großer Teil den Weg in die Serienfertigung verfehlte – wegen zu geringer Motorenleistung oder auch, weil sich die Vorgaben des Reichsluftfahrministeriums änderten. Das betraf die Projekte des zum Schutz von Bomberverbänden konzipierten Zerstörers Hs 124 und des Schnellbombers Hs 127. Eine Weiterentwicklung erfuhr jedoch das Höhenforschungsflugzeug Hs 128.[53] Von dessen Nachfolgemodell aus dem Jahr 1939, der Hs 130, wurden Versionen als Fernaufklärer und Bomber erstellt. Noch für den 2. März 1943 wurde die Anforderung von Material für den Bau von 100 Hs 130E vermeldet.[54] Obwohl letztlich nur wenige Exemplare entstanden, konnten mit diesem Flugzeugtyp Erfahrungen für das Fliegen oberhalb von 10.000 Metern gesammelt werden.

30
Auf der von Architekt Egon Eiermann mitgestalteten großen Berliner Propaganda-Ausstellung „Gebt mir vier Jahre Zeit" des Jahres 1937 wurden in der Ausstellungshalle II des Messegeländes auch Sturzkampfbomber Hs 123 vorgeführt. Ein ähnliches Bild wurde stolz in der Werkszeitschrift „Henschelstern" (Ausgabe Juni 1937, S. 138–139) gezeigt.

NICHT SCHWÄCHER, SONDERN
NUR NOCH STÄRKER GEGENÜBER-
TRETEN WERDEN. ÜBER DEM GE-
SPÖTT UND DEM GEREDE DER AN-
DEREN WIRD WIEDER STEHEN DIE
NATIONALSOZIALISTISCHE TAT.
ADOLF HITLER
Berlin 1937
Ausstellung „Gebt mir vier Jahre Zeit“
20

In größerer Serie produziert wurde dagegen der 1935 vorgestellte und im Herbst des Folgejahrs ausgelieferte leichte Sturzkampfbomber Hs 123, ein Anderthalbdecker, von dem zwölf Stück sogar an den Gegner des Bündnispartners Japan, die Republik China, verkauft wurden.[55] Allerdings entschied sich das Reichsluftfahrtministerium nach kurzer Zeit für ein moderneres Modell, die bei Junkers in Dessau entwickelte Ju 87. Die Hs 123 diente aber weiterhin als Ausbildungs- und Schlachtflugzeug.[56] Noch 1939 wurde dem Flugzeug gehuldigt: „Die jungen Henschel-Werke gaben den deutschen Sturzkampfverbänden [...] in ihrem [...] Sturzkampfeinsitzer Hs 123 [...] eine hervorragende Waffe."[57]

In 510 Exemplaren gebaut wurde bis Winter 1940/41[58] schließlich eine Weiterentwicklung der Hs 122, die Hs 126. Sie war zuletzt zwar nicht mehr fronttauglich, doch, im Jargon als „Mädchen für alles"[59] bezeichnet, u. a. als Schlepper für Lastensegler weiterhin im Einsatz. Größere Bedeutung im Krieg erlangte das zweimotorige gepanzerte Schlachtflugzeug Hs 129, von dem insgesamt 1.275 Stück[60], nach anderer Aussage 841 Stück[61] produziert wurden. Im März 1942 wurde die Version B 1 für den Tropeneinsatz vorgesehen.[62] Am 7. Dezember 1943 lief die Produktion aus.[63]

31

32

31
Sturzkampfbomber Hs 123 im Einsatz während des Spanischen Bürgerkrieges (1936 – 1939)

32
Zur Panzerbekämpfung vorgesehenes Schlachtflugzeug Hs 129

33
Sturzkampfbomber Hs 132. Wegen der Beschleunigungskräfte sollte sich der Pilot in liegender Position befinden.

33

Neben Vorschlägen für ein modernes Verkehrsflugzeug mit Bugrad und druckbelüfteter Kabine, die Hs P/54, zeichnete sich Henschel während des Kriegs durch besonders unkonventionelle Designideen aus. Darunter befanden sich „Entenflügler" mit vorne sitzendem Leitwerk, die Hs P/67, P/75 und P/87 sowie die raketenbetriebene P/136. Kamen auch die „schwanzlosen" Maschinen mit Strahltriebwerken – der Bomber Hs P/122 und das Jagdflugzeug Hs P/135 – nicht über das Entwurfsstadium hinaus, war von der Hs 132, dem ersten Schlacht- und Sturzkampfflugzeug mit Turbinenantrieb, doch eine Mustermaschine im März 1945 fast fertiggestellt.[64]

Abb. 34
Der 500. Rumpf einer Ju 88 vor der Halle 7 in Schönefeld, 26. September 1940

Flugzeugtypen anderer Hersteller

Die großen deutschen Flugzeugfabrikanten bauten aber nicht nur selbst entwickelte Maschinen, sondern – nach Anweisung des Reichsluftfahrtministeriums – auch Maschinen oder Maschinenteile anderer Hersteller, deren massenhafte Produktion vom Ministerium erwünscht war. Eine besonders enge Aufgabenteilung der Henschel Flugzeug-Werke bestand mit den Unternehmen Junkers, Dornier, Heinkel, Arado, Siebel, AGO (Apparatebau GmbH Oschersleben) und der AEG.

Bereits im Januar 1936 starteten in Schönefeld die ersten Bomber des Typs Dornier Do 23, deren Rümpfe im AEG-Werk in Wildau vormontiert worden waren.[65] Weitaus größere Stückzahlen erreichte in der Folgezeit allerdings die Dornier Do 17, die in mehreren Versionen als Bombenflugzeug, Fernaufklärer und Mehrzweck-Kampfflugzeug gebaut wurde, allein bei Henschel in 550 Exemplaren.[66]

Im Oktober 1936 begann in der Halle 2 in Schönefeld die Endmontage des Bombenflugzeugs Junkers Ju 86. Bis zum August des Folgejahres wurden 94 Maschinen fertiggestellt.[67] Um die Lizenzproduktion von deren Nachfolger, der Junkers Ju 88, die sich gegen die eigene Henschel Hs 127 als Standardbomber durchgesetzt hatte, sicherzustellen, wurde im Juli 1938 die Produktion der Henschel Hs 126 zur AGO nach Oschersleben verlagert. Die Junkers Ju 88 entstand in über 60 Versionen und insgesamt 15.000 Exemplaren, davon kamen über 2.600 aus den Hallen der Henschel Flugzeug-Werke.[68] Damit war sie das Flugzeugmodell mit der höchsten Stückzahl überhaupt, das in Schönefeld produziert wurde.

Der vom Reichsluftfahrtministerium 1943 verfügte Abbruch der Entwicklung von zwei Nachfolgemodellen der Junkers Ju 88 setzte die Henschel Flugzeug-Werke unter starken Druck, da der kostenreiche Entwicklungsaufwand für die erforderlichen Produktionsvorrichtungen nun umsonst war.[69] Widersprüchliche Entscheidungen des Ministeriums und die Tendenz zur Typenbeschränkung verstärkten sich im weiteren Kriegsverlauf.[70] Dem Unternehmen kam daher die im August 1943 geforderte Beteiligung am Jägerprogramm sehr gelegen, und Henschel übernahm den Auftrag zur Produktion von monatlich maximal 500 linken Flügeln der Messerschmitt Bf 109 zusätzlich zum eigenen Programm. Mit der zu diesem Zweck aufgebauten Produktionsstrecke inszenierten sich die Henschel Flugzeug-Werke in der Propaganda als „produktionstechnisch fortschrittlichstes Unternehmen der deutschen Flugzeugindustrie".[71]

Produktionstechnik

Das Werk in Schönefeld galt als besonders modern, denn es übertrug die im Fahrzeugbau erprobte Fließbandproduktion auf den Flugzeugbau.[72] Die große Flexibilität der Hallennutzung bei einer seriellen Montage einzelner Baugruppen[73] erleichterte nicht nur den Bau ganzer Flugzeuge, sondern vor allem die Umstellung auf die Produktion von Komponenten fremder Marken. Genau dies wurde seitens des Luftfahrtministeriums immer wieder gefordert. So hatte Henschel sich bei der Ju 88, die bei Junkers in Dessau entwickelt worden war, auf die Herstellung von Rümpfen, Spornrädern, Triebwerken und die Endmontage spezialisiert.[74] Allerdings darf man der euphorischen Propaganda nicht blind vertrauen: So soll die starke räumliche Aufgliederung der Produktion in Schönefeld die Gesamtproduktivität im Vergleich zu britischen „Einhallenwerken" gemindert haben.[75]

In der zweiten Kriegshälfte wurde im Zuge einer weiteren Dezentralisierung der Produktion ein Konzept des konkurrierenden Flugzeugherstellers Dornier übernommen: ein strenges, durch

35

36

35
„Großreihenherstellung der Flächen für zweimotorige Kampfflugzeuge", Foto 1939

36
„Serienbau von Mehrzweck-Flugzeugen Henschel Hs 126. Nach dem Laufbandprinzip geht die Rumpfmontage vonstatten. Am Ende der Montagestraße tragen die Rümpfe bereits die Motoren." Foto 1939

37
Fallpressen in den Schönefelder Flugzeugwerken

den Einsatz von Schablonen bei der Vernietung umgesetztes Maßsystem („Lochbauweise"), das angesichts des zunehmenden Einsatzes von ungelernten Häftlingen das Arbeitstempo erhöhen sollte.[76] Tatsächlich blieb aber die maximal mögliche Ausbeutung der menschlichen Arbeitskraft ein Schlüsselfaktor: So wurde am 21. März 1944 die Arbeitszeit auf 72 Stunden pro Woche festgesetzt, sie wurde allerdings am 24. August wieder auf 60 Stunden reduziert.[77]

Die Erfahrungen der Henschelwerke in der Metallverformung, die sich in einem hoch entwickelten Vorrichtungsbau niederschlugen, kamen der Entwicklung großflächig versteifter Bauteile[78] zugute. Ziel im Sinn der fordistischen „Henschel-Philosophie"[79] war eine Reduzierung des Montageaufwands. Gleichwohl wandten sich die Entwickler, so der Chefkonstrukteur Friedrich Nicolaus, nicht nur Panzerstählen und Duraluminium, sondern auch Elektron (Magnesiumlegierungen), Holz und Kunststoffen zu,[80] sogar zukunftsweisende Keramikmaterialien für Turbinenschaufeln[81] kamen zum Einsatz.

Militärische Forschung und Entwicklung

Vor dem Hintergrund der massiven Ausrichtung auf die Lizenzproduktion in den Kriegsjahren dürfen die militärtechnischen Innovationen in Schönefeld nicht übersehen werden, die weit über das Feld des Flugzeugbaus hinausgingen. Im Jahr 1938 meldete Henschel 30 Erfindungen zum Patent an, etwa „die Höhendruckkammer, Schneekufen für Kampfflugzeuge, eine Streckziehpresse, luft- und gasdichte Wanddurchführungen sowie beschussfeste Kabinenverglasungen." [82]

Eine Schlüsselrolle in der Henschel-Forschung spielte seit dem 2. Januar 1940 der Ingenieur Herbert Wagner (1900 – 1982).[83] Wagner war von 1929 bis 1938 ordentlicher Professor für Bauelemente des Luftfahrzeuges und Leiter des Flugtechnischen Instituts in der Abteilung für Luftfahrtwesen (Luftfahrzeugbau) an der Technischen Hochschule zu Berlin.[84] 1938 wurde er stellvertretendes Vorstandsmitglied der Firma Junkers Flugzeug- und Motorenwerke A.G. und Leiter der Flugzeugentwicklung in Dessau. Nach Meinungsverschiedenheiten verließ er die Junkers Werke und begann Anfang 1940 seine Arbeit in den Henschel Flugzeug-Werken.[85]

38
Doppelwandige Höhenkammer des Forschungsflugzeugs Henschel Hs 128

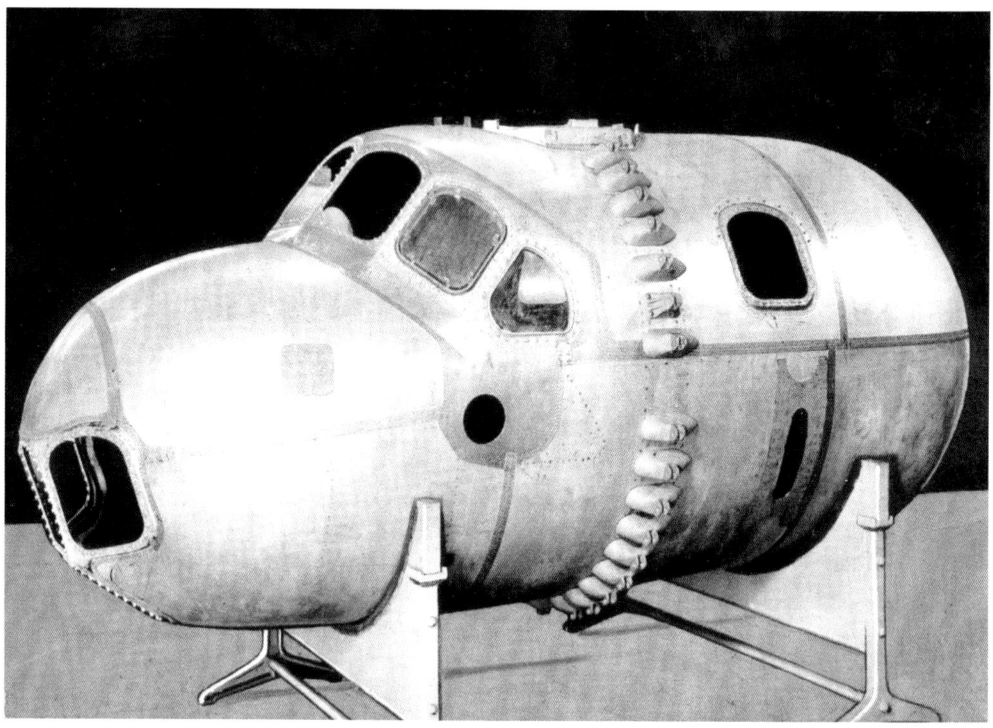

39
Gleitbombe Hs 293

Zur Spezialstrecke bei Henschel wurden im Krieg Lenkwaffensysteme. Unter Leitung von Herbert Wagner entstand die Gleitbombe Hs 293. Neu war vor allem deren leistungsfähiger Raketenantrieb. Der Sprengkörper sollte außerhalb des feindlichen Luftverteidigungsraums freigesetzt und ferngelenkt sein Ziel finden. Bis zum Baustopp am 7. Juli 1944[86] wurden rund 1.200 Exemplare produziert. Die Bombe sollte eigentlich schon ab Herbst 1941 eingesetzt werden, die Produktion verzögerte sich allerdings.[87] Wenige hundert Bomben[88] kamen vor allem bei der Operation „Avalanche" im Golf von Salerno sowie in der Biskaya zum Einsatz.[89] Auf Land-, See -und Luftziele ausgerichtete Nachfolgemodelle, die ihre Steuersignale über Funk und Draht erhielten und zum Teil bereits mit Fernsteuerung und Abstandszünder[90] ausgestattet werden sollten, wurden nicht mehr verwendet.

Der als Computerpionier gefeierte Konrad Zuse (1910 – 1995) wurde nach Abschluss seines Bauingenieurstudiums an der Technischen Hochschule zu Berlin im März 1935 als Statiker bei den Henschel Flugzeug-Werken eingestellt. Dort plante er Rechenarbeiten für die Konstruktion von Tragwerken.[91] Aber bereits im Mai 1936 verließ er die Werke wieder und machte sich für einige Jahre selbstständig. Seit März 1940 arbeitete er erneut bei den Henschel Flugzeug-Werken in Schönefeld, nunmehr als Chef der Gruppe Statik in der von Herbert Wagner geleiteten Entwicklungsabteilung für die ferngesteuerte Flugbombe Hs 293 und das Nachfolgermodell Hs 294. Diese Tätigkeit verfolgte er bis Dezember 1944.[92] Von besonderer Bedeutung war der von ihm in Schönefeld 1942/43 entwickelte Rechner S 1, der „u. a. zur Optimierung der ferngelenkten Gleitbombe Hs 293 und zur Flügelvermessung bei der Fertigungskontrolle und Justierung eingesetzt" wurde.[93]

Der Bau des von 1939 bis 1941 selbstständig entwickelten Rechners Z 3, der „ersten betriebsfähigen programmgesteuerten, in binärer Gleitkommarechnung arbeitenden Rechenmaschine",[94] wurde von der dem Reichsluftfahrtministerium unterstellten Deutschen Versuchsanstalt für Luftfahrt (DVL) in Berlin-Adlershof gefördert.[95] Die Produkte seines eigenen, 1941 gegründeten Betriebs „Zuse Ingenieurbüro und Apparatebau, Berlin", darunter der legendäre Rechner Z 4, der aus einem elektromechanischen Rechenwerk und einem rein mechanischen Speicherwerk bestand,[96] wurden durch das Reichsluftfahrtministerium – zunächst über die Henschel Flugzeug-Werke – beauftragt und finanziell unterstützt. 1943 wurde Zuses Betrieb als kriegswirtschaftlich wichtig eingestuft.[97] „Insgesamt lag die militärische und halbmilitärische Unterstützung der Zuse-Entwicklungen zwischen 250.000 und 300.000 Reichsmark."[98]

Diese einschlägigen Beiträge Zuses und Wagners für die nationalsozialistische Kriegswirtschaft standen späteren Ehrungen nicht im Weg. Im Jahr 1956 wurde Konrad Zuse mit der Ehrendoktorwürde der TU Berlin ausgezeichnet, 1991 erhielt er die Ehrendoktorwürde der ETH Zürich, 1995 das Große Bundesverdienstkreuz mit Stern und Schulterband. 2010 wurde Konrad Zuse anlässlich seines 100. Geburtstags mit einer Sonderbriefmarke und einer Sammlermünze geehrt. Herbert Wagner ging nach Kriegsende in die USA und arbeitete dort an Fernwaffenlenksystemen. 1958 wurde er ordentlicher Professor für Technische Mechanik und Raumfahrttechnik an der RWTH Aachen. 1960 erhielt er die Ehrendoktorwürde der TU Berlin.[99]

40
Spezialrechner S 1 der Henschel Flugzeug-Werke, entwickelt von Konrad Zuse u. a. zur Optimierung von Gleitbomben, Foto 1942

Arbeiten für die Rüstung
„Gefolgschaft", „Fremdarbeiter", Kriegsgefangene, KZ-Häftlinge

Die dynamische Expansion der Luftrüstung im Berliner Großraum und das rasche Wachstum der Henschel Flugzeug-Werke machten die Rekrutierung von Arbeitskräften zu einer Schlüsselfrage der Unternehmensentwicklung. Wegen seiner Bedeutung für die Rüstung konnte das Werk trotz eines ab 1936 rasch wachsenden Arbeitskräftemangels bis Kriegsbeginn noch weitgehend auf deutsche Arbeiterinnen und Arbeiter, während der Diktatur – zur Abgrenzung von den „Fremden", Ausgeschlossenen – „Gefolgschaft" genannt, zurückgreifen. Seit 1938 wurden in wachsendem Maße „Fremdarbeiter" aus dem Ausland, schließlich auch ausländische Zwangsarbeiter, Kriegsgefangene und in den letzten beiden Kriegsjahren KZ-Häftlinge eingesetzt.

Die Produktion hatte im März 1933 noch in Johannisthal mit 1.143 Mitarbeitenden begonnen, Ende 1935 waren in Schönefeld 4.711 Mitarbeitende beschäftigt,[100] bis 1943 wuchs die Belegschaft auf bis zu 13.000 Mitarbeitende an.[101]

Wegen der harten Konkurrenz mit den anderen Unternehmen der Luftrüstung im Berliner Raum gab das Unternehmen der Ausbildung von Fachkräften hohe Priorität und baute 1937 ein Ausbildungszentrum, dessen Absolventen sowohl für die Produktion eingesetzt als auch an die Luftwaffe abgegeben bzw. von dieser „dienstverpflichtet" wurden.[102]

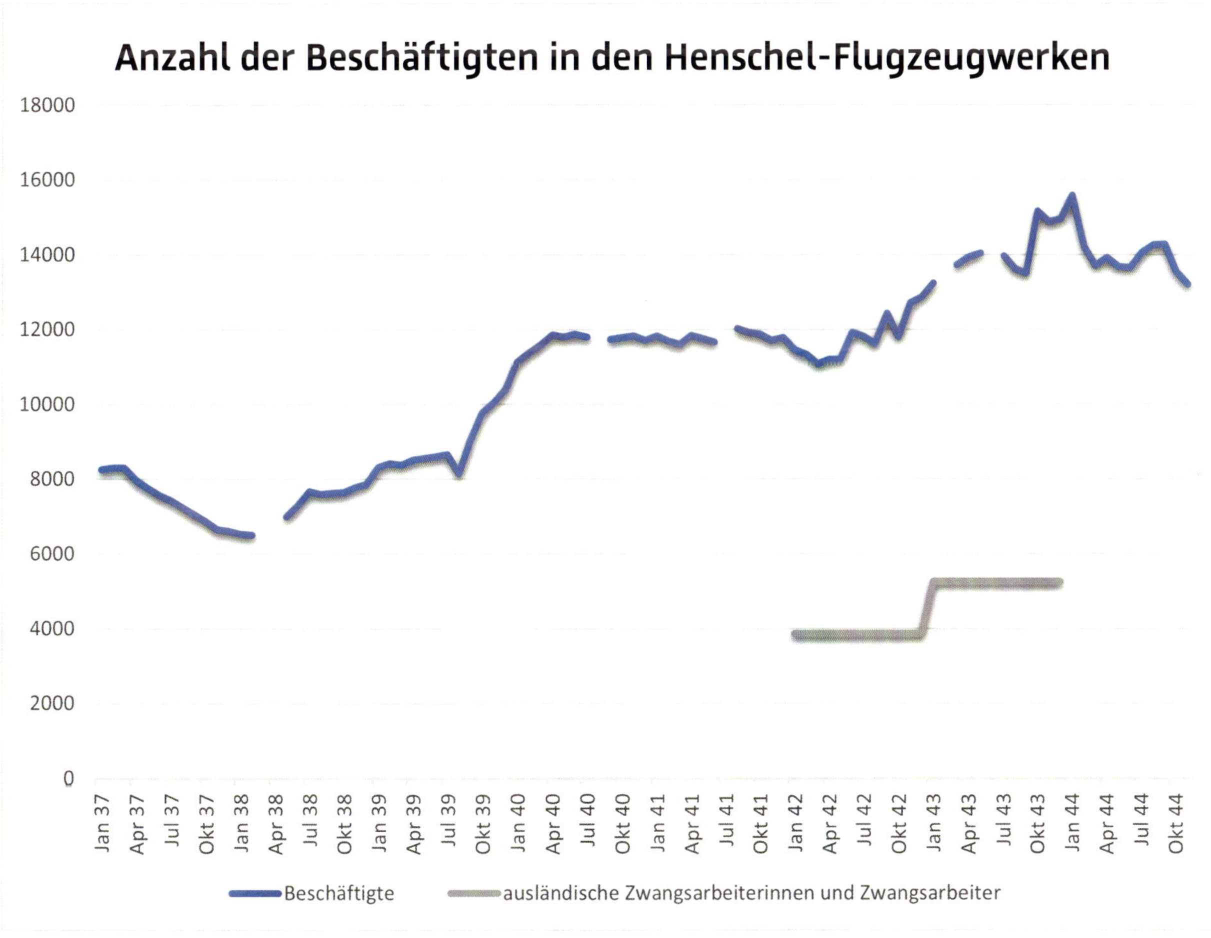

41
Ab 1937 wurden die so genannten „Gefolgschaftszahlen" als statistische Erhebung aller in den Henschel-Flugzeug-Werken Arbeitenden erfasst. Über den Zeitraum bis Ende 1944 zeigt sich die enorme Vergrößerung des Werkes: Selbst kurz vor Ende des Krieges und der absehbaren Niederlage der deutschen Wehrmacht waren noch mehr als 15.000 Personen (blau) bei den Henschel Flugzeug-Werken angestellt. Die seltenen vorhandenen Erhebungen zu den „Fremdarbeitern" (grau) offenbaren deren großen Anteil an der Produktion.

Im Krieg setzte das Unternehmen in zunehmendem Maße auf Fließbandproduktion, um angesichts des starken Facharbeitermangels mit ungelernten Arbeitskräften fertigen zu können.[103]

Zu den in den Henschel Flugzeug-Werken Tätigen gehörten sowohl niederländische Zivilarbeiterinnen und -arbeiter als auch sowjetische, polnische und französische Zwangsarbeitskräfte und KZ-Häftlinge. Alle waren gegen ihren eigenen Willen im Rahmen außerökonomischer Zwangsmaßnahmen eingesetzt – sie leisteten Zwangsarbeit.[104]

Die Lage der Arbeiterinnen und Arbeiter unterschied sich deutlich nach ihrer jeweiligen Herkunft. „Ostarbeiter", d. h. „Fremdarbeiter" aus der Ukraine, aus Polen und Russland, hatten die schlechtesten Arbeits- und Lebensbedingungen, ihre Nahrungsversorgung war minimal, sie hatten selten bis keine Ausgangsmöglichkeiten und lebten in den am schlechtesten ausgestatteten Baracken. Überlebende berichteten außerdem von strengen Sanktionen für unerlaubte Lebensmittelbeschaffung, zu denen Prügel- und Folterstrafen sowie Aufenthalte in Straf- und Konzentrationslagern gehörten. Westeuropäische Kriegsgefangene und Zivilarbeitskräfte aus den Niederlanden oder aus Frankreich mussten dagegen statt Zwölf-Stunden-Schichten teilweise nur acht Stunden an sechs Tagen in der Woche arbeiten, konnten an freien Tagen das Lager verlassen und erhielten Päckchen aus der Heimat.[105] Als Stigmatisierung mussten alle Arbeitskräfte Aufnäher mit ihrer Herkunft tragen: Die „Ostarbeiter" trugen einen Aufnäher mit „OST", die anderen Ausländer einen mit „A", es gab auch „P" für Polen oder eine Ähre als Symbol für Weißrussland.[106] Auch Sinti und Roma wurden zur Zwangsarbeit in Schönefeld verurteilt.[107]

Herkunft der Zwangsbeschäftigten der Henschel-Flugzeugwerke

	1942	1943
Ungarn	22	10
Polen	569	1224
Russland	2424	2446
Niederlande	296	242
Frankreich		868
sonstiges Ausland	36	19
Kriegsgefangene	521	
Italien		440

42
Die vom Kulturlandschaft Dahme-Spreewald e.V. (2011) erhobenen Aufschlüsselungen zur Herkunft der (ausländischen) Beschäftigten in den Henschel Flugzeug-Werken für die Jahre 1942 und 1943 zeigen nicht nur die Zahlen an ausländischen Arbeitskräften von mehr als 5.000 Personen, sondern auch, dass die meisten Zwangsarbeiterinnen und Zwangsarbeiter aus den besetzten Ostgebieten kamen. Es ist zu vermuten, dass unter „Russland“ auch die ukrainischen Arbeitskräfte erfasst worden sind.

Die Arbeitsbedingungen und vor allem die Herkunft der Arbeitskräfte veränderten sich während der Diktatur permanent, insbesondere während des Krieges. Seit Mai 1938 wurden Arbeiterinnen und Arbeiter aus Österreich in Schönefeld beschäftigt. Ab Mitte September 1939 reichten die vorhandenen Unterkünfte nicht mehr aus, und das Unternehmen begann mit der Planung von Barackenlagern.[108] Noch im November 1939 wurde die Unterbringung polnischer Kriegsgefangener im nahegelegenen Waltersdorf strikt abgelehnt – aus Sorge vor „Sabotageakten". Nicht einmal ein halbes Jahr später kamen Mitte April 1940 die ersten Arbeiterinnen und Arbeiter aus dem Sudetenland.[109] Für die polnischen und französischen Arbeitskräfte, die im Sommer 1940 eintrafen, entstanden erste Barackenlager, in denen ein Jahr später auch ungarische Arbeitskräfte untergebracht wurden.[110]

Als im September 1940 ungarische Arbeiter wegen der Nahrungsmittelversorgung protestierten, wurden die „Anführer" der Gestapo übergeben.[111] Im September 1942 wurde für „Ost-Arbeiter" ein Friedhof im „Schießstandwäldchen" angelegt.[112] Die Kriegsgefangenen aus Italien mussten im September 1943 vorerst im Lager I hausen.

Die einzelnen Baracken und teilweise auch die unterschiedlichen Lager der Henschel Flugzeug-Werke waren nach Nationalitäten differenziert: Das Lager IV war ursprünglich als „Russenlager" vorgesehen, später wurden hier hauptsächlich Arbeitskräfte aus der Ukraine untergebracht. Die russischen Kriegsgefangenen mussten sich im Lager V, für 4.000 Personen geplant, einfinden. Im Lager I wohnten zwischenzeitlich ausschließlich Kriegsgefangene aus Italien und später Holland. Auch die Trennung nach Geschlechtern war üblich. Nach den ersten Bombenangriffen wurden viele Zwangsarbeiterinnen und -arbeiter unabhängig von ihrer Nationalität in das Lager V gebracht, wo bis zu 5.000 Personen lebten.[113]

Als dem Unternehmen im Zuge zunehmender alliierter Luftangriffe im Frühjahr 1944 eine Verlegung von Teilen der Produktion in ein Salzbergwerk in Staßfurt in Sachsen-Anhalt nahegelegt wurde, ging der Unternehmensgründer Henschel wegen der unerträglichen Arbeitsbedingungen für die dort eingesetzten KZ-Häftlinge nicht auf das Angebot ein.[114] Aufgrund der notwendigen Mindestqualifikationen beim Flugzeugbau wurde eine längere Erhaltung der Arbeitskraft, als bei einer Produktion unter Tage zu erwarten war, für wirtschaftlicher erachtet. Stattdessen wurde in Schönefeld selbst mit dem Bau von Stollen begonnen, in denen die Gefangenen bei Luftangriffen auszuharren hatten.[115]

Die Henschel Flugzeug-Werke profitierten ab Sommer 1944 jedoch von einer anderen Strategie der nationalsozialistischen Arbeitskräftemobilisierung: Nachdem 1943 maßgeblich auf Betreiben von Joseph Goebbels alle Juden aus Berlin und Brandenburg deportiert worden waren und sich zugleich der Arbeitskräftemangel in der Rüstungsproduktion weiter verschärfte, wurden von den 500.000 im Sommer 1944 aus Ungarn verschleppten Juden in Auschwitz Arbeitskräfte „selektiert" und in den Raum Berlin gebracht. Dort wurden sie dann bei den Henschel Flugzeug-Werken in Schönefeld sowie bei der Daimler-Benz Motoren GmbH in Genshagen südlich von Berlin eingesetzt.[116] Nach verheerenden Luftangriffen auf das Werk und die Barackenlager in Schönefeld Ende 1943 wurden 600 Arbeiterinnen und Arbeiter zu den Produktionsstätten von Daimler-Benz und Arado abtransportiert.

In den Jahren 1944 – 1945 wurden schließlich Tausende von Häftlingen der brandenburgischen Konzentrationslager Ravensbrück und Sachsenhausen in Betrieben der Luftwaffenrüstung eingesetzt, vor allem in den Heinkel-Werken Oranienburg.[117] Bereits 1942 wurde auch in Schönefeld der Bau spezieller „KZ-Werke" diskutiert, bevor es ab 1944 zum systematischen Einsatz von KZ-Häftlingen und damit zu einer „fast bruchlosen Überleitung vom Fremdarbeiter- zum Häftlingseinsatz" kam.[118] So forderte das Unternehmen im Jahr 1944 Frauen als Arbeitskräfte aus dem KZ Ravensbrück an und baute im Sommer 1944 in der ehemaligen Einflughalle 7 eine Kombination von KZ-Lager und Produktionsstätte. Bei der förmlichen Abnahme durch die SS im Juli 1944 wurden in der umzäunten Halle Produktionsanlagen wie auch 150 Betten vermerkt.[119]

Anhand der Berichte von Überlebenden ergibt sich ein einigermaßen differenziertes und zugleich furchtbares Bild der Lagerbedingungen: Zusammengenommen belegen sie, dass das Werk wie die gesamte Region ein Schreckensort für Menschen aus ganz Europa war. Die Ukrainerin Olena Michailowna Ruban war von 1942 bis 1945 in Schönefeld beschäftigt. Sie konnte an den Wochenenden das Lager II verlassen und half dann einer deutschen Familie in der Hauswirtschaft.[120] Nina Michailowna Dwojenosenko, ebenfalls aus der Ukraine, erinnerte sich vor allem an die unterschiedliche Behandlung von westeuropäischen Kriegsgefangenen gegenüber den Arbeiterinnen und Arbeitern aus dem Osten: Erstere hätten die besseren Baracken bezogen und durften Päckchen von zuhause erhalten, der essbare Inhalt wurde allerdings mit allen geteilt. Polnische Frauen, die im Oktober 1943 nach Schönefeld gebracht worden waren, berichteten von ihren traumatischen Erfahrungen während der Luftangriffe, bei denen sie alle Habseligkeiten verloren. Allen Berichten gemein ist der Hinweis auf die schlechte Verpflegung: Brühe aus Kohl oder Kohlrabi und altes Brot wurden rationiert, selten gab es etwas anderes zu essen. Nikolai Iwanowitsch Tkatschiboroda, von Sommer 1942 bis zur Befreiung 1945 in Schönefeld, erinnert sich vor allem an die Gewalt der Aufseherinnen und Aufseher: Untätigkeit während des Arbeitens oder Essensdiebstahl wurde mit Peitschenhieben bestraft, daher war es „nicht verwunderlich, dass in dem Lager jede Nacht etwa 30 und mehr Abgänge waren, Menschen, die vor Entkräftung oder an Krankheiten gestorben waren". Hierfür musste im Lager V eine „Leichenhalle" aufgestellt werden.[121] Nur wenige Kilometer weiter westlich betrieb die Stadt Berlin mit dem so genannten „Ausländerkrankenhaus Mahlow" das größte Krankenhaus für Zwangsarbeiterinnen und -arbeiter in der Region, das viele von ihnen nicht lebend verließen.[122]

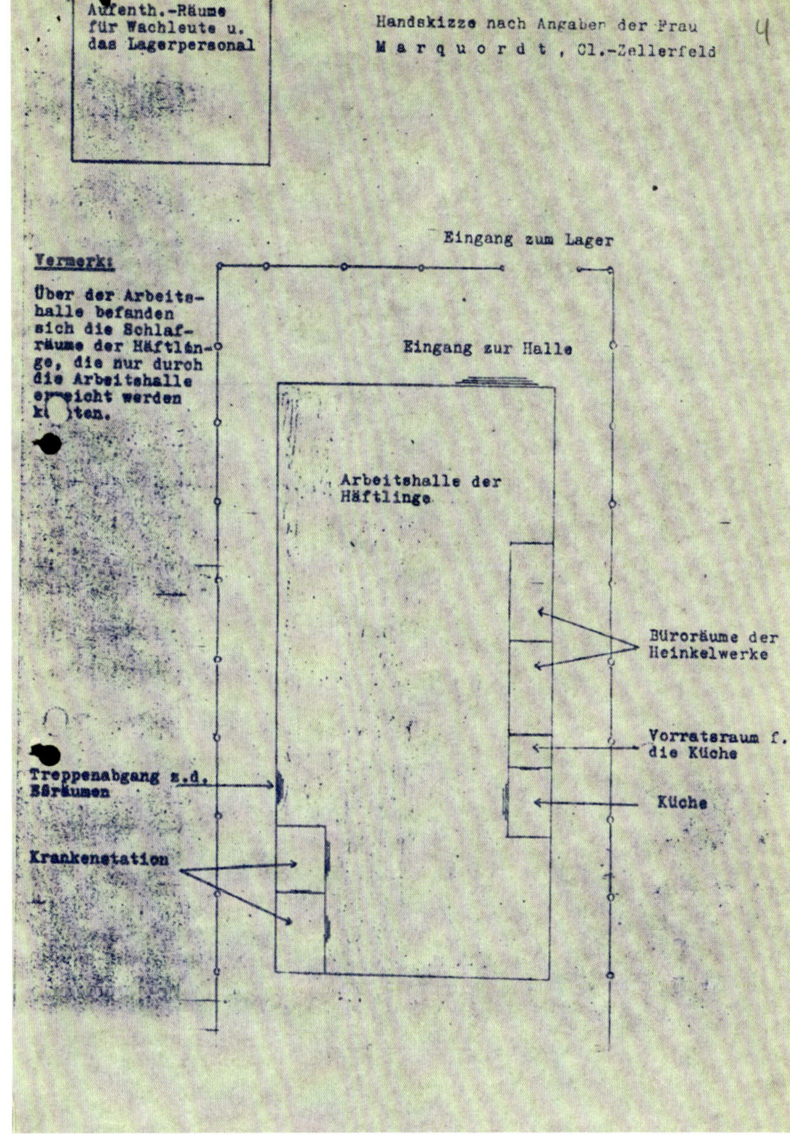

43
Lageplan zum Einsatz von weiblichen KZ-Häftlingen in der umzäunten Halle 7 der Henschel Flugzeug-Werke in Schönefeld, 1944. Handskizze von Elsa Marquardt, Stand 1969. Elsa Marquardt (auf der Zeichnung falsch benannt, es muss dort auch Henschel statt Heinkel heißen) war eine der etwa zehn Aufseherinnen des „Lagers".

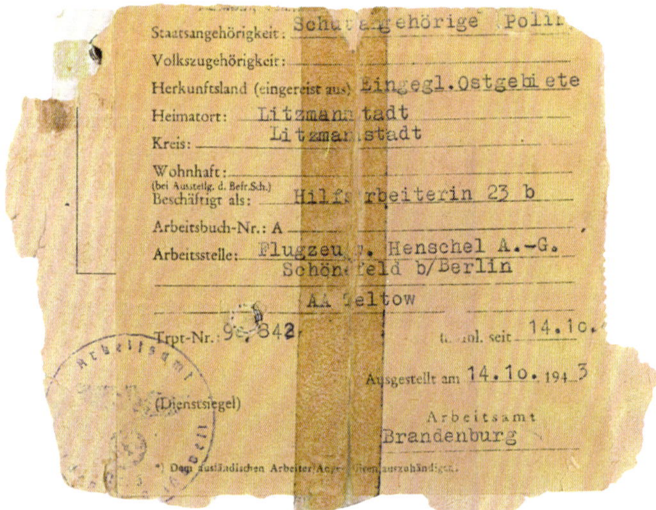

Staatsangehörigkeit: Schutzangehörige Polin
Volkszugehörigkeit:
Herkunftsland (eingereist aus) Eingegl. Ostgebiete
Heimatort: Litzmannstadt
Kreis: Litzmannstadt
Wohnhaft:
(bei Ausstellg. d. Befr.Sch.)
Beschäftigt als: Hilfsarbeiterin 23 b
Arbeitsbuch-Nr.: A
Arbeitsstelle: Flugzeugw. Henschel A.-G.
Schönefeld b/Berlin
AA Teltow
Trpt-Nr.: 9-842 ... seit 14.10.
Ausgestellt am 14.10.1943
(Dienstsiegel)
Arbeitsamt
Brandenburg
*) Dem ausländischen Arbeiter ... auszuhändigen.

44 a und b: Arbeitskarte vom 14. Oktober 1943 für die „Hilfsarbeiterin" Wanda Tworkiewicz, geb. Bartosik, aus „Litzmannstadt" (Łódź, „Eingegl. Ostgebiete"), Arbeitsstelle: Henschel Flugzeug-Werke. Unten die an der Arbeitskleidung zu tragende Metallplakette mit der Nationalitätenkennzeichnung

Die ab Anfang 1944 in der Halle 7 untergebrachten weiblichen KZ-Häftlinge wurden ebenfalls in der Flugzeugproduktion eingesetzt, jedoch noch stärker ausgegrenzt und ausgebeutet. Dabei handelte es sich um 650 bis 900 Frauen und Mädchen.[123]

Henriette Cartier-Worms, eine französische Insassin des KZ-Außenlagers in Halle 7, berichtete, dass die KZ-Häftlinge am Band 12 bis 17 Stunden pro Tag arbeiten mussten, deutlich mehr als die deutschen und ausländischen Arbeiterinnen und Arbeiter.[124] Dabei wurde die Taktzeit des Bandes schrittweise erhöht und so die „Produktivität" der KZ-Arbeit gesteigert. Die Lagerbewachung zweigte Teile der Essensrationen der KZ-Häftlinge ab, um sie an die „zivilen Arbeiter" im Werk zu verkaufen. Parallel zum Ausbau der KZ-Arbeit wurden die ausländischen Zivilarbeiter stärker mit Zwangsmaßnahmen verfolgt, besonders bei der Flucht aus dem Werk. Aus Erinnerungen französischer Häftlinge ist aber auch überliefert, dass zahlreiche französische Zwangsarbeiter aus dem Henschel-Lager Schönefeld flüchten konnten.

Am 8. Mai 1945 begann das Unternehmen, die Lager der Henschel Flugzeug-Werke zu evakuieren. Doch mit dem Ende des Krieges war das Leid der Zwangsarbeiterinnen und -arbeiter nicht vorbei: Wer überlebt hatte, fand in der Heimat vor allem Zerstörung vor, oft hatten die zurückgebliebenen Familienmitglieder nicht überlebt. Vor allem die „Ostarbeiter" erhielten in ihrer Heimat kaum eine Arbeit, da ihre Tätigkeit in Deutschland als Verrat angesehen wurde. Die gesundheitlichen Folgeschäden der schlechten Arbeitsbedingungen belasteten viele von ihnen bis zum Lebensende. Noch in den frühen 2000er Jahren warteten zahlreiche ehemalige Zwangsarbeiterinnen und -arbeiter auf ihre Entschädigungszahlungen: Aus Ermangelung der notwendigen Dokumente konnten vor allem ehemalige „Ostarbeiter" ihre Zwangsarbeit nicht nachweisen. Die Stiftung „Erinnerung, Verantwortung, Zukunft" bemüht sich seit dem Jahr 2000 um die notwendige Entschädigung.[125] Für viele kommt dieses Engagement allerdings zu spät: Die meisten der allzu lange vergessenen Opfer der Zwangsarbeit erlebten die Entschädigungen nicht mehr.

Flugzeuge im Dienst der Zerstörung
Von Guernica über Coventry bis Stalingrad

Der Aufbau der Luftwaffe des nationalsozialistischen Deutschlands seit 1933 diente der Vorbereitung des Krieges. Dieser begann nicht erst am 1. September 1939, sondern bereits 1936 mit dem Einsatz der Legion Condor im Spanischen Bürgerkrieg. Während des Zweiten Weltkrieges war der Beitrag der Luftwaffe entscheidend, zunächst für die deutschen Kriegserfolge, später für die deutsche Kriegsniederlage. Der Einsatz der deutschen Luftwaffe galt nicht nur militärischen Zielen, sondern von Anfang an, etwa im Falle der baskischen Stadt Guernica (Gernika) und der polnischen Kleinstadt Wieluń, auch der Zerstörung der Städte und dem Terror gegen die Zivilbevölkerung. Beteiligt an den Einsätzen waren Henschel-Flugzeuge, vor allem die Henschel Hs 123, aber auch Flugzeugtypen, die in den Henschel Flugzeug-Werken in Lizenz gebaut wurden, vor allem die Typen Dornier Do 17, Junkers Ju 88 und einzelne Bauteile der Messerschmidt Bf 109. Nur in seltenen Fällen lässt sich heute genau nachvollziehen, welche Maschinen an einem bestimmten Ort eingesetzt wurden. Die im Folgenden aufgeführten Beispiele bilden nur eine kleine Auswahl der durch die deutsche Luftwaffe zerstörten Städte, sie zeigen aber, dass weite Teile Europas betroffen waren. Zudem wurde die Hs 129 seit Ende 1942 auch in Libyen und im Nahen Osten eingesetzt.

45
Henschel „Sturzkampfflieger" stürzen sich auf ein großes Industriegelände, Postkarte.

Spanischer Bürgerkrieg: Guernica 1936 – 1939

Der erste Kriegseinsatz der deutschen Luftwaffe erfolgte im Spanischen Bürgerkrieg (1936 – 1939). Dorthin hatte das Reichsluftfahrtministerium einen Fliegerverband zur Unterstützung der Putschisten unter General Franco geschickt – getarnt als Einheit von „Freiwilligen", genannt Legion Condor. Am 31. Juli 1936 begann der deutsche Einsatz, am 31. Mai 1939 war er abgeschlossen.[127] Insgesamt haben nach offiziellen Angaben 15.000 bis 20.000 Mann teilgenommen. In Spanien, so der Chronist des Flughafens Schönefeld, der ehemalige Flugkapitän Horst Materna, im Jahr 2016, bot sich „die Möglichkeit, die neuesten Entwicklungen der Waffen- und Kriegstechnik unter realen Kampfbedingungen zu erproben – und Henschel war dabei!"[128] Spanien war in der Tat „die Feuertaufe der neuen deutschen Luftwaffe", wie auch die Propaganda der Diktatur betonte.[129] Der Henschel-Sturzkampfbomber Hs 123 wurde bereits im Oktober 1936 eingesetzt. Am 26. April 1937 zerstörten Flugzeuge der Legion Condor zusammen mit italienischen Bombern die heilige Stadt der Basken, Gernika, auf Spanisch: Guernica.[130] Ein Kriegsverbrechen, das nie gesühnt wurde. Wolfram von Richthofen, Stabschef der Legion Condor, notierte am 30. April 1937 in seinem Tagebuch: „Guernica, Stadt von 5000 Einwohnern, buchstäblich dem Erdboden gleichgemacht. [...] Bombenlöcher auf Straßen noch zu sehen, einfach toll."[131] Auch viele andere Städte wurden bombardiert, etwa Madrid und Barcelona. Eine hohe Zahl ziviler Opfer wurde nicht nur in Kauf genommen, sondern war beabsichtigt. Die Legion Condor hat entscheidend zum Sieg der Franco-Diktatur in Spanien beigetragen.[132] Und sie hat der deutschen Luftwaffe Erfahrungen vermittelt, die sie bereits im September 1939 wieder anwenden konnte – beim Überfall auf Polen.[133]

46
Eine der vielen Jubelpublikationen, die nach dem Sieg Francos im Spanischen Bürgerkrieg in Deutschland erschienen, 1939. Bis 1940 wurden von diesem Buch 485.000 Exemplare gedruckt![126] Hinter dem Flieger ist der Henschel-Sturzkampfbomber Hs 123 zu erkennen, oben links stehen die Buchstaben LC = Legion Condor.

Überfall auf Polen: Wieluń 1. September 1939

Gerade eine Stunde dauerte der erste Luftkriegseinsatz der Deutschen Luftwaffe im Zweiten Weltkrieg: Am frühen Morgen des 1. September 1939 um 5:02 Uhr starteten 29 Flugzeuge von ihrem Einsatzflugplatz bei Oppeln,[134] um die polnische Stadt Wieluń zu zerstören.[135] Das Stuka-Geschwader flog an diesem Tag noch weitere zwei Einsätze auf die östlich von Breslau gelegene Stadt. Als am 6. September der spätere deutsche Kreisleiter in der Stadt ankam, fasste er die Lage zusammen: „Wieluń hatte 16.000 Einwohner gehabt. Sie sind alle bis auf 200 geflohen."[136] Den Befehl für den Luftangriff auf Wieluń erteilte der inzwischen zum General und Fliegerführer z.b.V. ernannte Wolfram von Richthofen eigenverantwortlich, vermutlich sollten die in Spanien gewonnenen Erfahrungen auch im Polenfeldzug getestet werden.[137] Wieluń hatte jedenfalls keine besondere militärische Bedeutung.[138] Beim Überfall auf Polen gehörten neben Junkers Ju 87 Sturzkampfbombern auch Henschel Hs 123 Flugzeuge „zu den Angriffsspitzen".[139] Am 13. Februar 2020 erinnerte Bundespräsident Frank-Walter Steinmeier an das weitgehend vergessene Kriegsverbrechen: „Damals, am 1. September 1939, brachten Sturzkampfbomber der deutschen Luftwaffe Tod und Zerstörung über Wieluń – ohne jede Vorwarnung. Ihr Bombenhagel traf eine schlafende, ahnungslose, wehrlose und militärisch völlig unbedeutende Stadt. Er zertrümmerte das Krankenhaus, verwüstete den Marktplatz, brannte den Stadtkern nieder, tötete in dieser ersten Stunde des Krieges 1.200 Menschen. Die Bomben von Wieluń waren das erste Verbrechen in einem Krieg, den das nationalsozialistische Deutschland in die Welt trug."[140]

47
Die polnische Stadt Wieluń nach der Bombardierung durch die deutsche Luftwaffe am 1. September 1939

Krieg in Westeuropa: Rotterdam 14. Mai 1940

Am 10. Mai 1940 begann die Operation „Gelb": der Angriff der deutschen Wehrmacht auf Holland, Belgien, Luxemburg und Frankreich.[141] Schon drei Tage später waren deutsche Truppen bis in den Süden Rotterdams vorgerückt. Um die Stadt unter Druck zu setzen und zur Kapitulation zu zwingen, kündigte Generalleutnant Rudolf Schmidt Luftangriffe auf die Stadt für den 14. Mai an. Obwohl er den Angriff mittags wegen sich verschleppender Verhandlungen verschieben ließ, starteten über 100 Flugzeuge ihre Angriffe auf die Stadt Rotterdam.

Vermutlich aufgrund des Rauchs der laufenden Bodenkämpfe bekamen viele Piloten nicht mit, dass sie ihre Bomben nicht abwerfen sollten, und flogen die vorher geplante Route über ein etwa 7,5 Quadratkilometer großes Stadtgebiet, um die dortigen militärischen Gebäude zu zerstören. Bei diesem Angriff wurden 850 Menschen getötet,[142] 25.000 Gebäude zerstört und 80.000 Menschen obdachlos hinterlassen.[143] Der Luftangriff auf Rotterdam wird in der Militärforschung häufig als Ausgangspunkt für den Einsatz der britischen Luftwaffe zur Zerstörung deutscher Städte angesehen.[144]

Abb. 48
Zerstörte Innenstadt von Rotterdam nach den Angriffen vom Mai 1940

Luftkrieg gegen England: Coventry 14. November 1940

Für die totale Zerstörung einer Stadt durch Luftbomben, einzig und allein mit dem Ziel, die Bevölkerung zu demoralisieren und die feindliche Waffenproduktion zu stören, hatte sich seit 1940 in der deutschen Sprache ein Neologismus etabliert: „Coventrierung".[145] Diese Wortneuschöpfung geht zurück auf den schwersten Angriff der deutschen Luftwaffe auf ein britisches Ziel: Die Industriestadt Coventry wurde in der Nacht vom 14. auf den 15. November 1940 im Rahmen der Operation „Mondscheinsonate" angegriffen und zerstört. Hier kamen auch in Schönefeld hergestellte Flugzeugtypen wie Junkers Ju 88 und Dornier Do 17 zum Einsatz. Die ganze Nacht über waren 400 Flugzeuge damit beschäftigt, mehr als 500 Tonnen Sprengbomben auf die Stadt zu werfen. Einige Bomben waren mit Zeitzündern versehen, sodass sie noch Tage später Verwüstungen anrichteten.[146] Gezielt wurde zu Beginn des Angriffs die Wasserversorgung der Stadt gestört, damit die Feuerwehr keine Chance hatte, die Brände in der mittelalterlichen Altstadt zu löschen. Diese breiteten sich aus, sodass kein Stadtteil Coventrys verschont blieb.[147] Am nächsten Morgen waren 60.000 Gebäude zerstört oder schwer beschädigt, darunter vor allem kommunale Versorgungseinrichtungen und die Wohnbauten in der Nähe der Industriegebiete. Bis heute erinnern die stehen gelassenen Außenmauern der ansonsten zerstörten St. Michaels Kathedrale an den verheerenden Luftangriff.[148]

49
Die zerstörte Innenstadt von Coventry am 16. November 1940

Krieg auf dem Balkan: Belgrad 6. April 1941

Ein weiteres schweres Kriegsverbrechen des Deutschen Reiches im Zweiten Weltkrieg ereignete sich am 6. April 1941 in Belgrad: Die Operation „Strafgericht" war der Beginn des Balkanfeldzugs und erfolgte ohne Kriegserklärung an Jugoslawien.[149] Mit ungefähr 500 Flugzeugen ausgestattet, vollzog der Generaloberst Alexander Löhr als Oberbefehlshaber der Luftflotte 4 den Befehl Hitlers vom 27. März 1941, die Stadt Belgrad müsse „durch fortgesetzte Tag- und Nachtangriffe" zerstört werden.[150] Entsprechend zielten die Bombenflugzeuge mit einer Kombination aus Spreng- und Brandbomben ohne Rücksicht auf die Bevölkerung auf dicht bewohnte Stadtteile. Erst bei einem zweiten Angriff wurden militärische Objekte zerstört.[151] Dieses „strategische Bombardement"[152] ließ die Stadt in Flammen aufgehen. Eine Zählung der möglichen Todesopfer war aufgrund des Chaos in den Tagen nach dem Angriff unmöglich, sodass die geschätzten Zahlen der Bombenopfer zwischen 1.500 und 30.000 liegen.[153] In einem späteren Gutachten werden 2.271 Tote durch die „überraschenden Luftangriffe" festgehalten.[154] Zu den eingesetzten Flugzeugtypen gehörten die auch in Schönefeld hergestellten Junkers Ju 87 und Dornier Do 17.[155] Der Befehlshaber des Angriffs auf Belgrad, Alexander Löhr, war der einzige Luftwaffenoffizier der deutschen Wehrmacht, der wegen des Bombenkriegs vor Gericht gestellt wurde. Das jugoslawische Militärgericht verurteilte ihn zum Tode und ließ Löhr am 26. Februar 1947 hinrichten.[156]

50
Zerstörungen in Belgrad nach den Luftangriffen im April 1941

Überfall auf die Sowjetunion: Stalingrad 23. August 1942

Der Anfang vom Ende des Zweiten Weltkriegs für die deutsche Wehrmacht begann mit einem beispiellosen Luftangriff: Allein am 23. August 1942 flogen 400 Bomber der Flugzeugtypen Ju 88 und He 111 mehr als 1.600 Einsätze gegen die Stadt Stalingrad.[157] Dabei warfen sie rund 1.000 Tonnen Bomben ab. Ziele waren vor allem die bewohnte Innenstadt, die Industrieanlagen und die systematische Zerstörung des Wasser- und Kommunikationssystems.[158] Hauptverantwortlich für den Angriff war die Luftflotte 4, deren Führung Wolfram von Richthofen im Juli 1942 von Alexander Löhr übernommen hatte. Schon am nächsten Morgen waren die ersten deutschen Bodentruppen nördlich von Stalingrad angekommen, nur eine Woche später hatte die 6. Armee die Stadt abgeriegelt, konnte sie jedoch nicht einnehmen. Ab November 1942 waren die deutschen Soldaten eingekesselt, und der Luftflotte 4 kam nun die Aufgabe zu, die Truppen durch Luftbrücken zu versorgen. Beinahe 500 Flugzeuge sollten an dieser von Richthofen als „heller Wahnsinn" beschriebenen Aufgabe scheitern.[159] In der Schlacht um Stalingrad kamen viele Flugzeugtypen zum Einsatz, darunter auch die in Schönefeld gefertigten Henschel Hs 129, die Junkers Ju 88, die Messerschmidt Bf 109.[160] Als die 6. Armee am 2. Februar 1943 den Widerstand in Stalingrad aufgab, wurde deutlich, dass der unter anderem mit verheerenden Luftangriffen begonnene Weltkrieg vom nationalsozialistischen Deutschland nicht mehr gewonnen werden konnte.

51
Brunnen der tanzenden Kinder auf dem Bahnhofsplatz nach der Zerstörung von Stalingrad, Foto 1943

Die Organisation der Luftrüstung
Reichsluftfahrtministerium und Flugzeugindustrie

Während der Weimarer Republik war dem Deutschen Reich durch den Versailler Vertrag die militärische Luftfahrt und damit auch der militärische Flugzeugbau verboten. Vor diesem Hintergrund war die Entwicklung der deutschen Flugzeugindustrie stark eingeschränkt. Im Zeichen der Weltwirtschaftskrise wurden 1932 ganze 36 Flugzeuge in Deutschland produziert. Im Juni 1933 hatte die deutsche Flugzeug- und Flugmotorenindustrie gerade einmal 8.357 Beschäftigte.[161]

Doch gab es heimliche Netzwerke zur Wiederaufnahme der Flugzeugproduktion, unter anderem unter dem Dach des Reichswehrministeriums,[162] und Lobbygruppen wie den „Reichsverband der deutschen Luftfahrtindustrie". In diesem Umfeld wurde der Firmenchef Oscar R. Henschel 1932 aktiv und konnte schon wenige Tage nach der nationalsozialistischen Machtergreifung und der Ernennung Hermann Görings zum „Reichskommissar für die Luftfahrt"[163] am 11. Februar 1933 ein Gespräch mit Göring persönlich führen.[164] Göring und sein Staatsekretär wie Stellvertreter Erhard Milch ermutigten Henschel nachdrücklich zu der am 30. März 1933 vollzogenen Gründung der Henschel Flugzeug-Werke AG, drangen aber auf die Einsetzung eines ihrer engen Vertrauten in den Aufsichtsrat der neuen Firma, nämlich des Industriellen

52 a und b
Buchrücken der „Biographie" des Reichsluftfahrtministers und Oberbefehlshabers der Luftwaffe, Hermann Göring, erschienen 1941 im Zentralverlag der NSDAP. Das Foto (im Buch) zeigt den „getreuesten Paladin" des Führers (so im Vorwort).

Wilhelm Tengelmann. Damit unterlag die Firma schon personell dem direkten Einfluss des Reichskommissars.[165] Die bereits am 1. Mai 1933 zum Reichsministerium für Luftfahrt (RLM) aufgewertete Luftfahrtbehörde[166] stellte den Henschel Flugzeug-Werken im Sommer 1933 Aufträge in Aussicht, sodass – zunächst „auf eigenes Risiko" – im August 1933 mit Konstruktionsarbeiten für das erste firmeneigene Flugzeug, ein einsitziges Schulflugzeug, begonnen werden konnte.[167] Der sofortige Aufbau einer Luftwaffe wurde aber zunächst geheim gehalten und erst am 26. Februar 1935 durch die nationalsozialistische Führung enttarnt.[168] Damit war auch offiziell der Versailler Vertrag gebrochen.

Innerhalb des Ministeriums wurde am 1. Oktober 1933 das für infrastrukturelle, Immobilien- und Beschaffungsfragen zuständige Luftfahrtverwaltungsamt gegründet, das auch eine Unterabteilung für Bauangelegenheiten umfasste, die zunächst unter Leitung des Oberregierungsbaurates Karl Gallwitz für alle „Flughäfen, Standorte und Anlagen" zuständig war.[169]

Obwohl die Henschel Flugzeug-Werke wie die anderen Flugzeughersteller eine gewisse unternehmerische Eigenständigkeit behielten, lenkte das Ministerium die Flugzeugwirtschaft weitgehend – nicht zuletzt durch die Förderung scharfer Konkurrenzkämpfe um staatliche Aufträge.[170] Das Nebeneinander verschiedener Flugzeugwerke war gewollt und Teil der nationalsozialistischen Wirtschaftskonzeption. Das Reichsluftfahrtministerium förderte nicht nur finanziell den Bau von Flugzeugwerken und Zulieferbetrieben oder betrieb diese selbst direkt oder verdeckt, es vergab auch Probeaufträge an mehrere Unternehmen, die dann im Wettbewerb untereinander die beste Lösung zu erarbeiten hatten. Danach wurde eine Lösung ausgewählt, und oft mussten die anderen Flugzeugwerke diese Maschinen ganz oder Teile davon in Lizenz bauen.[171] Auch die Forschung wurde im Wettbewerbssystem vorangetrieben. Darüber hinaus gab es viele Zulieferbetriebe, zu denen auch BMW, Daimler-Benz, I.G. Farben, Krupp, Ruhrstahl und Siemens gehörten.

„Die Industrie der deutschen Luftmacht", so die Propaganda, „ist ein Gemeinschaftswerk von gigantischen, nie zuvor und nirgendwo sonst erreichten Ausmaßen."[172] Aufgrund der außerordentlichen finanziellen Mittel, welche die neu aufzubauende Luftwaffe durch die Diktatur erhielt, wurde „dieser Teil der Rüstungsbranche wie kein zweiter abhängig [...] von staatlicher Finanzierung und auch Kontrolle. [...] Insgesamt spielte sich gerade auf dem Gebiet des Flugzeugbaus die ‚dramatischste industrielle Innovation' dieser Jahre ab."[173]

Teil des staatlichen Systems erzwungener oder erwirkter Mitarbeit privater Unternehmen waren Lizenzvergaben aus der widerrechtlichen Aneignung und Ausbeutung der Patente des Luftfahrtpioniers Hugo Junkers und seiner Firmen über die im März 1935 gegründete Gesellschaft „Luftkontor GmbH". Zu den Eigenbetrieben des Ministeriums gehörte neben der „Luftfahrtkontor" die 1936 gegründete und am Südrand des Henschel-Geländes bei Diepensee eingerichtete Luftfahrterprobungsstelle.[174]

Das Reichsluftfahrtministerium und die von ihm gesteuerte Flugzeugproduktion waren ein zentraler Bestandteil eines umfassenden Aufrüstungsprogramms, für das die nationalsozialistische Führung im Sommer 1936 einen Vierjahresplan entwarf mit dem Ziel, die deutsche Armee und die deutsche Wirtschaft in vier Jahren kriegsfähig zu machen. Für die Realisierung des auf dem Reichsparteitag im September 1936 verkündeten Plans wurde Reichsluftfahrtminister Göring zusätzlich zum Leiter der Vierjahresplanbehörde ernannt und damit zum mächtigsten Mann in Wirtschafts- und vor allem Rohstofffragen.[175] In expliziter Abgrenzung von der „überspitzten bürokratischen Zentralisierung" der sowjetischen Planwirtschaft setzte die „deutsche Planwirtschaft" auf eine „staatliche Beeinflussung einer auf privater Initiative und organisch gewachsenen Wirtschaftsformen aufgebauten Wirtschaft".[176] In der Folgezeit kam es zu einer engen Verzahnung von Reichsluftfahrtministerium und Vierjahresplanbehörde sowie bereits 1937 zu einer Finanzierungskrise im Kontext einer raschen Expansion der Flugzeugproduktion.[177]

53
Kriegsflugzeuge – eine Schrift des Reichsluftfahrtministeriums für die vormilitärische Ausbildung, 1942. Das Titelbild zeigt eine Junkers Ju 88, von der in Schönefeld 2.600 Exemplare hergestellt wurden.

Auch während des Krieges war das Reichsluftfahrtministerium von kaum zu unterschätzender industriepolitischer wie städtebaulicher Bedeutung. In den 1940er Jahren gab es im Rahmen des „Reichsverteidigungsprogramms" den Umfang und die Produktpalette der Flugzeugproduktion für die Luftfahrtindustrie detailliert vor.[178] Die Produktion der einzelnen Firmen wurde von den weitreichenden Bestimmungen bis ins Detail festgelegt. So entschied etwa das Reichsluftfahrtministerium im Herbst 1943, dass die Herstellung der letzten firmeneigenen Konstruktion der Henschel Flugzeug-Werke – das Schlachtflugzeug Henschel Hs 129 – bis August 1944 aus dem Serienprogramm zu nehmen sei.[179] Im Gegenzug schloss das Unternehmen im August 1943 eine Vereinbarung mit dem Ministerium über den Bau des linken Tragflügels des Standardflugzeugs der Luftwaffe, der Messerschmitt Bf 109, für den eine Bandstraße mit ungelernten Arbeitern in Betrieb genommen wurde.[180]

54
„Das Luftfahrtministerium als Werk der Baukunst" – so der Titel des Textes, der dem Foto folgt, Foto 1937. Zu sehen ist der „Ehrenhof" an der Wilhelmstraße, Architekt Ernst Sagebiel.

Seit dem Sommer 1943 wurde auch das Reichsluftfahrtministerium mit einem zunehmend dramatischen Arbeitskräftemangel konfrontiert. Staatssekretär Milch schrieb im Juni 1943 in einer Vorlage für Göring, dass die „Arbeiterlage in der Luftfahrtindustrie kritisch" werde.[181] Im Juni 1944 wurde die Luftrüstung an Albert Speer übertragen und in diesem Kontext das Reichsluftfahrtministerium grundlegend umstrukturiert.[182] Damit war zugleich der Aufstieg Albert Speers in die rivalisierende Führungsgruppe der Diktatur abgeschlossen, während Hermann Göring an Einfluss verloren hatte. Kurz vor seinem Selbstmord im April 1945 schloss Hitler den „treulosen" Reichsmarschall Göring aus der NSDAP aus und entzog ihm alle politischen Rechte, wie es ausdrücklich in seinem „politischen Testament" hieß.

Der Großraum Berlin als Zentrum der Luftrüstung
Monumentalbauten, Flugplätze, Produktionsstandorte

Der Aufbau der Henschel Flugzeug-Werke war keineswegs das einzige Großprojekt des Reichsluftfahrtministeriums in und um Berlin. Die umfangreiche Bautätigkeit der Unterabteilung für Bauangelegenheiten wird bis heute unterschätzt.[183] So förderte das Ministerium neben zahlreichen Industrie- und Infrastrukturanlagen der Luftwaffe von 1935 bis 1940 auch den Bau von über 34.000 Wohnungen und Siedlungsstellen an den Standorten der Luftfahrtindustrie.[184] Beschworen wurde dabei immer beides: „technische Meisterleistung" und „architektonische Schönheit". Der Industriebau war während der Diktatur keine unbeachtete Nische, sondern eine gestalterische Aufgabe, die die besondere Bedeutung der Luftrüstung unterstreichen sollte. So heißt es etwa in der 1937 verfassten Biografie zu Hermann Göring zur erwünschten Form der künftigen Architektur: „Mit der mißverstandenen Burgenromantik, mit Zinnen und Türmen ist es für immer aus."[185] Die städtebaulichen Projekte der frühen Jahre konnten zudem als „wichtiger Beitrag zu der Bekämpfung der Arbeitslosigkeit"[186] verkauft werden – später auch die in der Rüstungsindustrie geschaffenen Arbeitsplätze.

55
„Modell des neuen Weltflughafens Berlin Tempelhof", Architekt Ernst Sagebiel, Planung seit 1935, Bild von 1939. Weitere Angaben: A Siebengeschossiger Querbau. B Empfangshalle. C Abfertigungshalle. D Flugzeughallen, die in der Mitte den überdeckten Flugsteig einschließen. E Garagen. F Bürobauten. Rollfeld: Längsachse 2,4 km, Querachse 1,7 km. Hallenfront (D): Gesamtlänge 1,2 km.

Vor allem der Großraum Berlin wurde bis zur Einrichtung der Behörde eines Generalbauinspektors für die Reichshauptstadt unter der Führung von Albert Speer im Jahre 1937 in städtebaulicher Hinsicht durch das Reichsluftfahrtministerium geprägt, wenngleich das gar nicht so offensichtlich war – wegen der Verheimlichung des Aufbaus einer Luftwaffe. Zu den bedeutendsten Architekten dieser frühen Ära gehörten Ernst Sagebiel[187] und Herbert Rimpl[188] – beide arbeiteten im Auftrag des Reichsluftfahrtministeriums. Sie schufen auch die bedeutendsten Großbauten in dieser Zeit in und um Berlin: Sagebiel entwarf den Riesenkomplex des Ministeriums an der Wilhelmstraße[189] und das Flughafengebäude in Tempelhof.[190] Ganz in der Nähe des Ministeriums lag das von Sagebiel umgebaute „Haus der Flieger", heute das Abgeordnetenhaus von Berlin.[191] Rimpl entwarf große Werksanlagen und Wohnsiedlungen für die Luftfahrtindustrie. In Berlin waren die Flugplätze weitere Einflusszonen des Reichsluftfahrtministeriums. Am Flugplatz Johannisthal/Adlershof war nicht nur eine zusätzliche Fabrik der Henschel Flugzeug-Werke verortet, sondern auch die Deutsche Versuchsanstalt für Luftfahrt (DVL). Die DVL entwickelte sich nach 1933 zur

56
Versuchsfeld der Deutschen Versuchsanstalt für Luftfahrt (DVL) in Berlin-Adlershof, Foto 1939. Originalunterschrift: „Große, saubere Bauten – das ist das Gesicht der Versuchsanstalten im nationalsozialistischen Deutschland."

größten deutschen Luftwaffenforschungsanstalt und zum wichtigen Ort der Kriegsvorbereitung und später Kriegsbegleitung. Sie unterstützte auch die Arbeit des Computerpioniers Konrad Zuse. Vor diesem Hintergrund wurde der Standort der DVL in Johannisthal/Adlershof erheblich ausgebaut. Auf diesem Flugplatz wurden ebenfalls Zwangsarbeiterinnen und Zwangsarbeiter eingesetzt.[192] Weithin in Vergessenheit geraten ist der Flughafen Staaken, wo etwa in der Lufthansa-Werft Henschel-Flugzeuge des Typs Hs 129 mit Geschützen ausgerüstet wurden.[193]

In dem noch nicht fertiggestellten Riesenbau des Flughafen Tempelhofs[194] wurden seit 1940 für die Weser-Flugzeugbau GmbH auch Kriegsflugzeuge montiert und produziert – in den letzten Kriegsjahren unter Einsatz von Zwangsarbeit.[195]

57
Zwangsarbeitslager der Weser Flugzeugbau GmbH am Flughafen Tempelhof, Foto Januar 1944

Direkt hinter der Stadtgrenze Berlins entstanden nicht nur die Henschel Flugzeug-Werke im Südosten, sondern – im Nordwesten bei Oranienburg – auch das ausgedehnte Heinkel-Flugzeugwerk mit Flugplatz.[196] Ernst Heinkel erhielt sofort nach dem Machtantritt Hitlers die ersten Luftrüstungsaufträge und trat im Mai 1933 der NSDAP bei. Die Finanzierung des seit 1936 gebauten Werkes bei Oranienburg übernahm zu 97 Prozent das Reichsluftfahrtministerium. Neben diesem Werk wurde seit 1937 eine riesige Siedlung für die deutschen Werksarbeiter angelegt, die bis heute noch relativ unbekannt ist: Leegebruch, eine kleine Neustadt mit eigenem Zentrum, geplant für 6.000 Einwohner.[197] Vor allem aber wurde das Flugzeugwerk samt Flugplatz gebaut, eine Fabrikanlage in moderner Industriearchitektur. Für Siedlung und Werk war der Architekt Herbert Rimpl verantwortlich.[198] Auch in diesem Werk wurden seit 1942 Zwangsarbeiterinnen, Zwangsarbeiter und Kriegsgefangene eingesetzt, schließlich auch – erstmals in der Luftrüstungsindustrie – Häftlinge aus dem KZ Sachsenhausen.[199] Sie mussten in Lagern unterkommen.

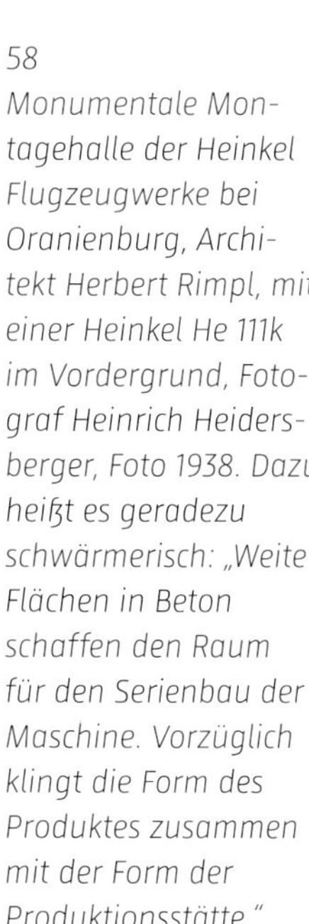

58
Monumentale Montagehalle der Heinkel Flugzeugwerke bei Oranienburg, Architekt Herbert Rimpl, mit einer Heinkel He 111k im Vordergrund, Fotograf Heinrich Heidersberger, Foto 1938. Dazu heißt es geradezu schwärmerisch: „Weite Flächen in Beton schaffen den Raum für den Serienbau der Maschine. Vorzüglich klingt die Form des Produktes zusammen mit der Form der Produktionsstätte."

Wegen ihrer „Schönheit" wurden in der Zeit der Diktatur ebenfalls die 1935 in Betrieb genommenen, im Süden Berlins gelegenen Rangsdorfer Bücker-Werke gerühmt,[200] mit deren Planung Herbert Rimpl beauftragt worden war. Der „Reichssportflughafen" Rangsdorf wurde zu den Olympischen Spielen 1936 eröffnet. Das dortige Haus des Aeroclubs am Rangsdorfer See wurde von Ernst Sagebiel entworfen.[201] Ein weiteres Flugzeugwerk mit Flugplatz wurde seit 1934 in Brandenburg an der Havel westlich von Berlin ausgebaut, die Arado Flugzeugwerke (seit 1937 im Ortsteil Neuendorf).[202] 1939 arbeiteten dort 6.000 Menschen. Mit der Aufrüstung wuchs die Einwohnerzahl der Stadt – von 64.000 (1933) auf 90.000 (1939), und es wurden mehrere Werkssiedlungen errichtet. Zu den Beschäftigten der Werke gehörten schließlich ab 1940 Zwangsarbeiterinnen und Zwangsarbeiter aus ganz Europa, die in Lagern interniert waren. Im Jahr 1936 wurde das Unternehmen Daimler-Benz Motoren GmbH Genshagen gegründet, dessen Werkstätten südlich von Berlin wesentlich mit Geldern des Reichsluftfahrtministeriums finanziert wurden. „In kürzester Zeit stieg es zum bedeutendsten, leistungsfähigsten und modernsten Flugmotorenwerk Europas auf." [203] 1939 erhielt es eine Auszeichnung als „nationalsozialistischer Musterbetrieb". Seit 1941 wurden im Werk Fremd- und Zwangsarbeiter eingesetzt, später auch 1.100 Frauen und Mädchen aus dem KZ Ravensbrück.[204] 1939 wurden schließlich nördlich von Berlin die BMW Flugmotorenwerke Brandenburg geschaffen, die ebenfalls der Luftrüstung dienten. Eine Folge dieser Gründung war die Übernahme eines bereits 1938 eröffneten Waldwerks in Basdorf/Zühlsdorf. Seit 1942 entstand dort eines der größten Fremd- und Zwangsarbeitslager im Großraum Berlin, in dem bis 1945 etwa 6.000 Menschen aus 13 europäischen Ländern arbeiten mussten, darunter der spätere Chansonier Georg Brassens.[205] Auch die Produktion von Flugzeugteilen durch die AEG in Wildau (1936 – 1945) im Südosten Berlins wurde durch Zwangsarbeit aufrechterhalten. Die hier produzierten Flugzeugteile wurden dann zu den Henschel Flugzeug-Werken transportiert.

Schönefeld war also keineswegs das einzige Großprojekt des Reichsluftfahrtministeriums im Großraum Berlin. Neben den Berliner Flugplätzen Gatow, Adlershof/Johannisthal und Staaken sowie dem Zentralflughafen Tempelhof wurde das gesamte Umland von Berlin zu einer Rüstungsregion der neuen Luftwaffe. Dabei achtete das Ministerium aus Luftschutzgründen auf eine räumliche Streuung der Standorte. Überall entstanden Fliegerhorste, Flugschulen, Flug-

59
Werksgelände der Bücker-Werke in Rangsdorf, Baujahr 1936, Architekt Herbert Rimpl, Projektbearbeiter Otto Meyer Ottens, vorher Assistent bei Walter Gropius in Dessau, Foto 1939

zeugwerke, Zulieferbetriebe, Forschungseinrichtungen und ganze Werkssiedlungen, die auf geographischen Karten und Plänen jedoch gar nicht existierten. Angesichts der Notwendigkeit, all diese Projekte zu tarnen, kann man in diesen frühen Jahren von einem „heimlichen Städtebau" ohne große Propaganda sprechen, der durch das Reichsluftfahrtministerium forciert wurde. Dieser Städtebau diente einzig und allein der Aufrüstung. Erst 1937, mit der Schaffung der Behörde des „Generalbauinspektors für die Reichshauptstadt", veränderten sich die Machtverhältnisse, und Albert Speer bestimmte nun mehr und mehr den Umbau des Großraums von Berlin. Es dauerte aber noch etwas, bis die neue Reichskanzlei Hitlers das Reichsluftfahrtministerium baulich in den Schatten stellen konnte.

Der schrittweise Umbau zum Zivilflughafen
Schönefeld nach dem Krieg

Seit 1940 kam der Krieg, der auch von Schönefeld aus mit Waffensystemen am Laufen gehalten wurde, nach Berlin zurück. Bis Ende 1943 wurde 179 Mal bei den Henschel Flugzeug-Werken Luftalarm ausgelöst. Zunächst waren die Schäden begrenzt, das änderte sich aber mit den verheerenden Luftangriffen am 26. und 29. Dezember 1943.[206] Neun Monate später ließ das Reichsluftfahrtministerium die Montage der Junkers Ju 88 in den U-Bahn-Tunnel der heutigen U 7 in Neukölln verlagern. In der finalen Phase des Kriegs, im Februar 1945, wurde Schönefeld zum Feldflugplatz, von dem u. a. Angriffe auf Stellungen im Oderbruch ausgingen. Der letzte Start erfolgte am 21. April 1945. Am Folgetag um 17.00 Uhr wurde die Produktion im Flugzeugwerk eingestellt. Bald darauf, am 24. April, schloss sich durch das Zusammentreffen der 8. Gardearmee der 1. Belorussischen Front mit der Ersten Ukrainischen Heeresgruppe der östliche Abschnitt des Belagerungsrings um Berlin.[207] Nachdem sich alle anderen Führungskräfte nach Westen abgesetzt hatten, übergab Betriebsdirektor Walter Hormel das Werk an die sowjetischen Truppen. Er selbst wurde am 4. Mai verhaftet und starb zweieinhalb Monate darauf im Internierungslager Weesow.[208] Vom 28. April an benutzten sowjetische Jagdfliegerkräfte Schönefeld als Basis, um den Vormarsch am Boden zu unterstützen[209] und das Eindringen deutscher Flugzeuge in den Berliner Luftraum zu verhindern.[210]

Demontage und Friedensproduktion

Direkt nach der Kapitulation setzte der Abtransport von Maschinen, Prototypen und Konstruktionsplänen in Richtung Sowjetunion ein. Dabei kam es in großem Umfang zu Plünderungen an Werkzeugen und Material durch Deutsche, wobei Besatzungssoldaten mitverdienten.[211] Im Verlauf der im Juli 1945 beginnenden planmäßigen Demontage der Werkhallen,[212] die sich bis Mitte 1946 hinzog, traten Interessenkonflikte zwischen unterschiedlichen Abteilungen der Militärbehörde auf, denn in einzelnen Gebäuden hatte eine bereits dringend benötigte Friedensproduktion begonnen. Vorrang erhielt schließlich die konsequente Umsetzung des Potsdamer Abkommens zur Demilitarisierung Deutschlands. Die zerlegten Hallen wurden in der Sowjetunion wieder aufgebaut – eine in Minsk, eine in Kiew und sieben in Moskau, so im Reparaturwerk des Flughafens Wnukowo.[213]

Interne Absprachen des Henschel-Konzerns zur Zukunft des Werks waren bereits vor dem Untergang der nationalsozialistischen Diktatur getroffen worden. Und so schienen die Weichen gestellt, als am 10./11. Juli 1945 im Auftrag der Henschel & Sohn A.G. Kassel der Fortgang der Geschäfte geregelt wurde. Das verschachtelte Vertragswerk sah vor, dass eine neu gebildete „Henschel-Werke GmbH" das Werk von der Henschel Flugzeug-Werke A.G. pachtete, die bald darauf in der „Schönefelder Industriegelände A.G." aufging, was eigentlich nur einen Namenswechsel bedeutete. Beide Gesellschaften hatten ihren Sitz in der Berliner Kurfürstenstraße 133 im gerade von den US-amerikanischen Besatzern übernommenen Bezirk Schöneberg. Einer der Haupteinleger war die „Henschel Export GmbH", eine Tochtergesellschaft des Mutterkonzerns.[214]

Schon am 12. Mai 1945 hatten im Werk 120[215] bzw. nach anderer Quelle „Hunderte"[216] Betriebsangehörige in eigener Initiative die Arbeit wieder aufgenommen. Acht Monate später sollen, u. a. in den Hallen 8 und 12, ca. 550 Leute gearbeitet haben.[217] Monatlich wurden ca. 60 schwerbeschädigte Güterwagen und 6 bis 8 Omnibusse repariert.[218] Im Februar 1946 bestellte die Provinzialverwaltung 5.000 Ackerwagen, 2.200 Pflüge und 14.000 Eggen.[219] Auch im Umfeld bemühte sich die Henschel-Werke GmbH darum, im Zuge der Bodenreform Fuß zu fassen. So beantragten sie die Übernahme der Güter Schönefeld und Diepensee zur Saatgutherstellung.[220]

Einen massiven Einschnitt bildeten jedoch die parallel laufenden Demontagen, zu denen immer wieder Arbeitskräfte aus der Produktion herangezogen wurden und die zu Verlagerungen zwangen. Für die industrielle Produktion vorgesehen blieben nur die Halle 11 – die ehemalige Lehrwerkstatt[221] – und das beschädigte Heizungshaus 41 (39a) als Eisengießerei. Allerdings wurde Letzteres abgerissen. 1947 waren nur noch 120 Beschäftigte gemeldet, und registriert wurden die jährliche Reparatur von 100 Fahrzeugen, der Neubau von 500 Landwirtschaftsgeräten und 50 Ackerwagen sowie die Herstellung von 12 Tonnen Leichtmetallguss.[222]

Unruhe verbreitete zudem, dass das Werk am 23. Februar 1946 im Rahmen der seit Oktober 1945 laufenden Enteignungen in der gesamten Sowjetischen Besatzungszone von der Provinzialverwaltung Brandenburg als „herrenlos" unter Treuhandschaft gestellt wurde.[223] Zudem erfolgte die Umbenennung der Henschel-Werke GmbH in „Schönefelder Industrie-Werke". Die Provinzverwaltung bekräftigte die Entscheidung durch Vorwürfe, dass die in den Westsektoren ansässigen Henschel-Manager Gelder und Material verschoben hätten.[224] Die Inhaber hatten argumentiert, dass der Sowjetische Befehl 124 zum Einzug von nationalsozialistischem und Staatsvermögen hier gar nicht anwendbar wäre, da es sich bei den Firmen ja um eine „Neugründung" handele.[225] Von der Presse sekundiert wuchs der politische Druck: Bereits im Dezember 1945 hatte die Gemeinde Schönefeld gewarnt, dass hier erneut ein „Mammut-Konzern" entstehen könnte und damit ein Zustand ähnlich dem der Nazizeit. Die Henschel-Werke hingegen waren bemüht, in der Belegschaft die Vorbehalte gegen eine „Kommunalisierung" zu stärken,[226] und stellten Lieferungen von Maschinen und Material aus „Westdeutschland" in Aussicht[227] – erfolglos, denn der Treuhänderschaft folgte 1948 die Verstaatlichung.[228]

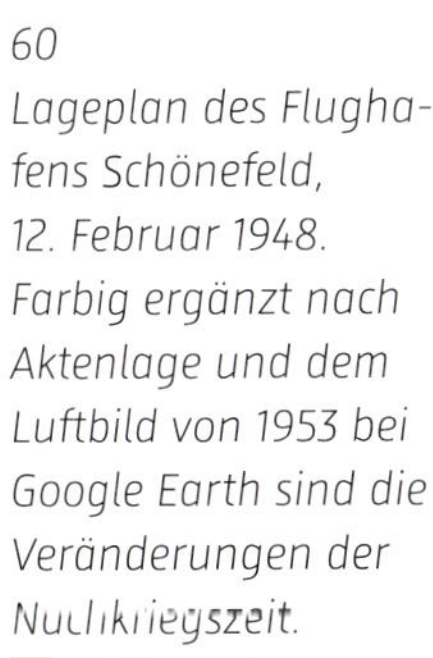

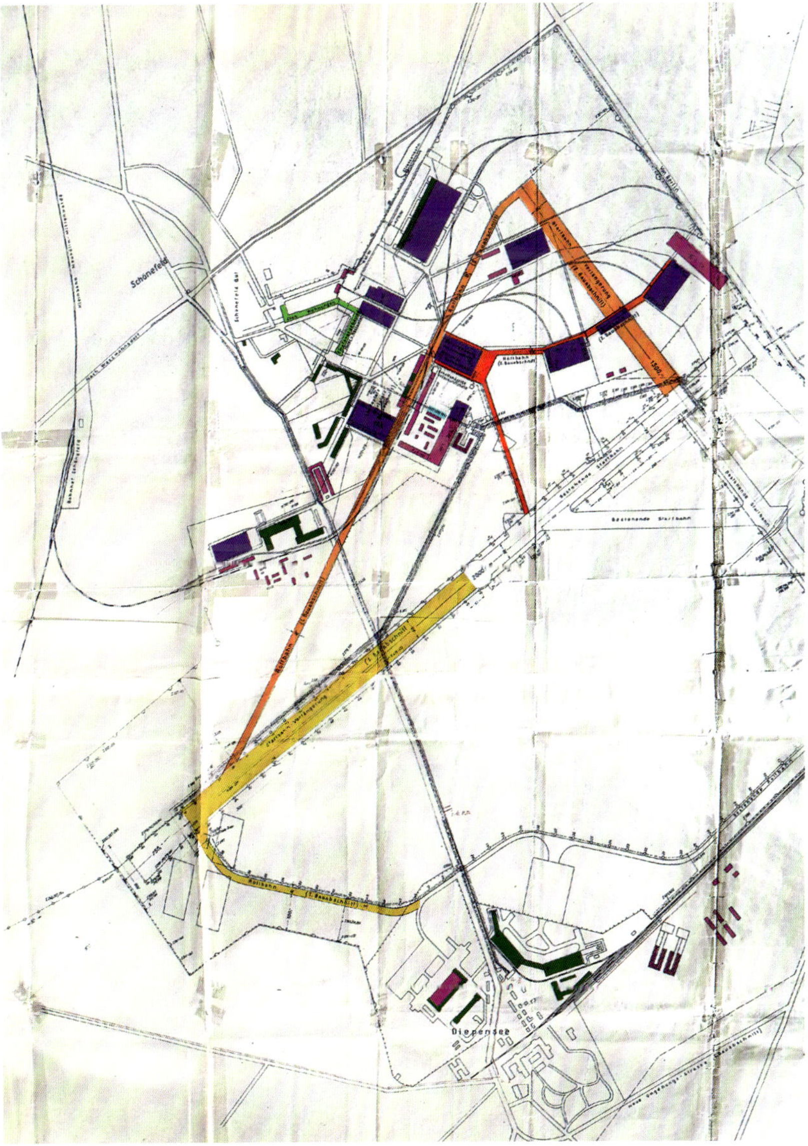

60
Lageplan des Flughafens Schönefeld, 12. Februar 1948. Farbig ergänzt nach Aktenlage und dem Luftbild von 1953 bei Google Earth sind die Veränderungen der Nachkriegszeit.

- Weiternutzung
- Umbau innen
- offizielle Demontage laut Programm
- sonstige Abrisse bis 1953
- verlängerte Startbahn
- nicht ausgeführte verlängerte Startbahn/Rollbahn
- Ausbau bestehender Rollfelder
- das noch nicht im Plan eingezeichnete, aber schon projektierte Generalshotel

Der neue Flughafen

Schon kurz vor dem Ende der Henschel-Ära hatte sich die Rückkehr des Flugwesens nach Schönefeld vollzogen: Am 6. Februar 1946 wurde die sowjetische 62. Selbstständige Transportflieger-Abteilung der Zivilen Luftflotte von Johannisthal nach Schönefeld verlegt.[229] Unter sowjetischer Abfertigung folgten die polnische LOT (Polskie Linie Lotnicze) und die tschechoslowakische ČSA (České aerolinie). So startete am 12. Mai 1946 der erste Linienflug nach Warschau. Bald darauf kreuzten sich in Schönefeld Routen nach Paris und Skandinavien.[230]

Der wachsende Flugbetrieb erforderte es, die Kapazitäten zu erweitern. Deshalb erließ der stellvertretende Chef für Zivilangelegenheiten der Sowjetischen Militäradministration (SMA) in Brandenburg, Garde-Generalmajor Wassili Michailowitsch Scharow, am 21. Mai 1947 den Befehl 93 zum Ausbau des ehemaligen Werkflugplatzes zum Zivilflughafen, wobei der militärische Kontext allgegenwärtig war. Direkter Adressat war die Landesregierung.[231] Mit der Leitung eines Sonderbaubüros wurde der Pots-

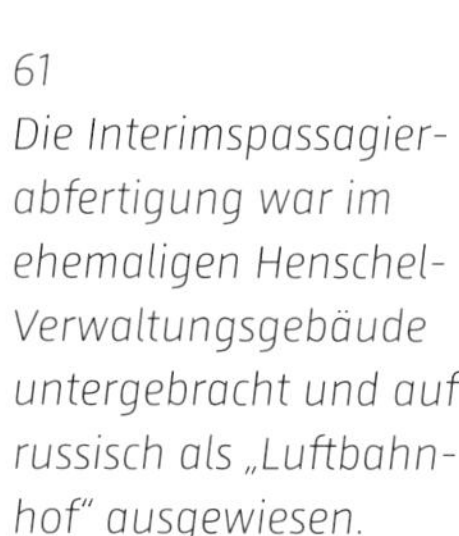

61
Die Interimspassagierabfertigung war im ehemaligen Henschel-Verwaltungsgebäude untergebracht und auf russisch als „Luftbahnhof" ausgewiesen.

damer Architekt Max Schmidt beauftragt, der sowohl der Provinzialverwaltung als auch den Besatzungsbehörden gegenüber rechenschaftspflichtig war. Bei ihm liefen Entwurf, Finanzplanung und Baustellenorganisation zusammen. Zum Bauvolumen [232] gehörten eine Umgehungsstraße, die Verlängerung der Start- und Landebahn auf 2.000 Meter, die Installation einer Bahnbefeuerung und von Rollbahnen, das Beräumen des Schutts nach den Demontagen sowie die Herrichtung der Büro- und Gemeinschaftsbauten zu Schlaf- und Clubräumen.[233] Zum Umbau des ehemaligen Verwaltungsgebäudes der Henschel Flugzeug-Werke zu Unterkünften für Reisende [234] kam 1950 die Neueinrichtung der Halle 9 als Speisesaal [235] hinzu. Die sowjetische Herberge wurde später von der DDR übernommen, modernisiert und ab 1962 als Flughafenhotel der Mitropa weiter betrieben.

Am markantesten präsentierte sich das zusätzlich gebaute, in einen kleinen Park östlich der Verwaltungsbauten eingebettete Gebäude für höhergestellte Passagiere, das „Generalshotel", später „Spezialgästehaus" genannt.

62
Entwurf des Generalshotels von Max Schmidt aus dem Jahr 1947, der aus dem Typus ländlicher Schlösser abgeleitet war und in der Form an die 1930er Jahre erinnert. Nach einer Überarbeitung des Entwurfs durch Georg Hell erhielt der Bau beidseitig je zwei zusätzliche Fensterachsen und einen weiteren Giebelwalm im Südwesten, dafür reduzierte man die Anzahl der Terrassenpfeiler.

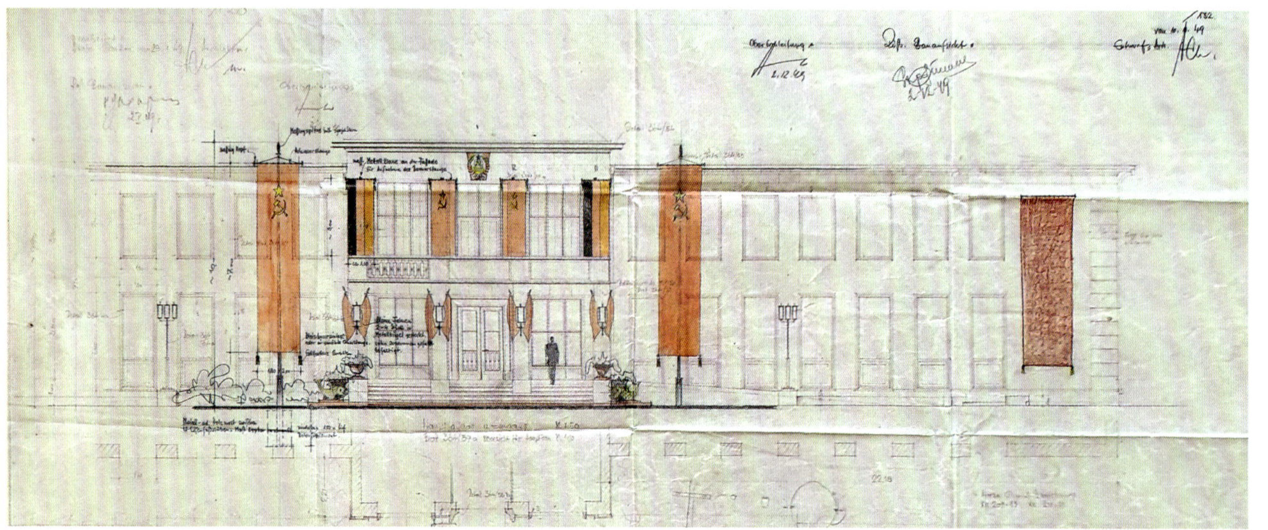

63
Die großzügige Treppenhalle mit einem Geländer und den Heizkörpergittern des international renommierten Kunstschmieds Fritz Kühn

64
Beflaggungsplan des fertiggestellten Generalshotels, wohl zum 70. Geburtstag von Josef Stalin, November/Dezember 1949. Nicht selbstverständlich war, dass sich an einem sowjetischen Militärgebäude – noch ohne Wappen – die Farben der neu gegründeten DDR fanden.

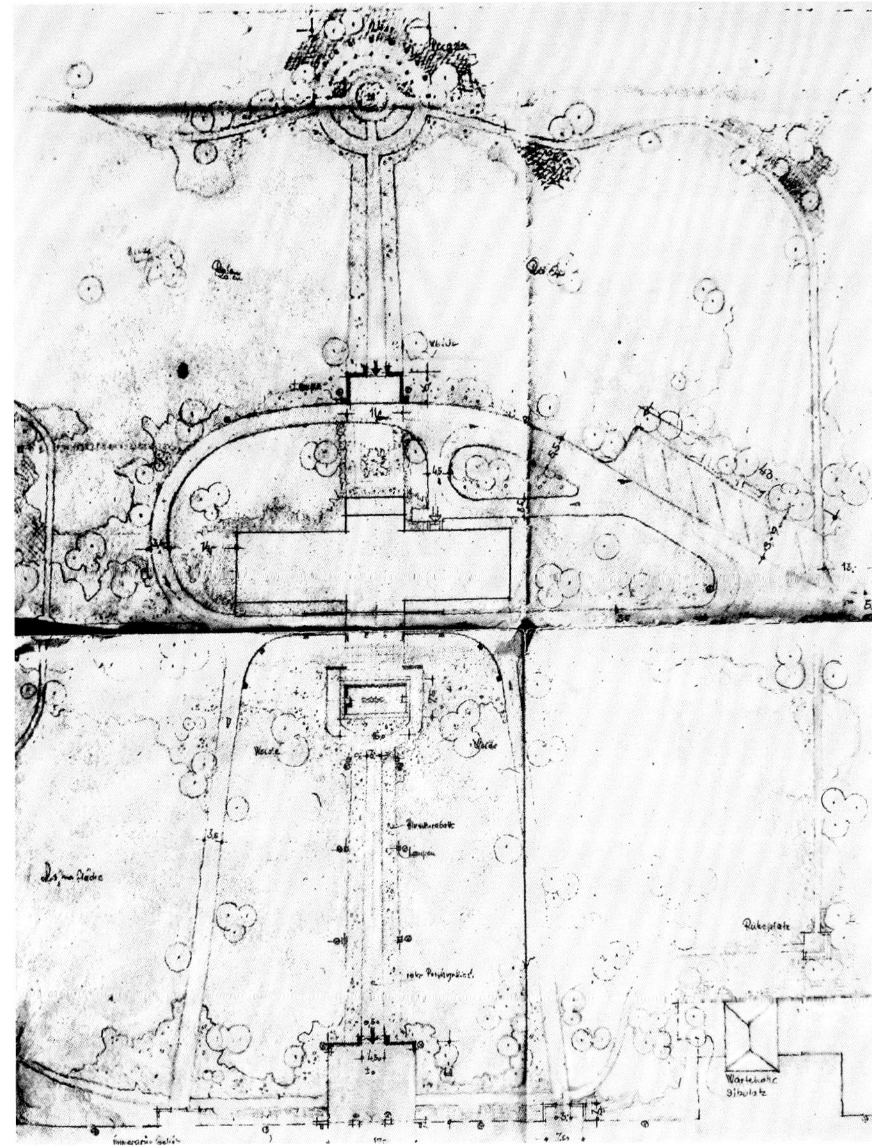

65
In dem zur Ausführung vorgesehenen Entwurf des Parks um das Generalshotel wurde der axiale Aufbau stärker betont.

Max Schmidt legte die Pläne hierzu im Oktober 1947 vor. Der Entwurf für die Gartenanlagen wie auch für ein nur rudimentär realisiertes Sportgelände mit Schwimmbad (wohl ein ehemaliger Feuerlöschteich) im Nordwesten stammte von Herta Hammerbacher, Professorin für Grünplanung an der TU Berlin.[236] Für das mit Marmor, Travertin, Kronleuchtern und Kassettendecken ausgestattete Hotel, ein seltenes und für die Flughafen- wie Baugeschichte bedeutsames Beispiel der frühesten Nachkriegsarchitektur, wurde 2011 der Abriss beschlossen.[237] Es steht Plänen für das neue Regierungsterminal im Weg.

Mit der Entscheidung, den ehemaligen Werksflugplatz zu einem zivilen Flughafen auszubauen, war die von der Gemeinde im Sinne der Bodenreform erbetene Verteilung des Flugplatzgeländes aussichtslos geworden,[238] und das gerade von Neubauern aufgesiedelte Gebiet nordwestlich von Tiefensee wurde am 3. Juli 1947 zum zusätzlichen Teil des Flugfeldes.[239] Zu Beginn waren für den Ausbau des Flughafens sieben Monate Bauzeit und 17 Millionen Reichsmark an Kosten veranschlagt. Bereitgestellt wurde ein „Russenbetrag"[240] der Sowjetischen Militäradministration in Höhe von 7,6 Mill., das Land beteiligte sich mit 3 Mill. Reichsmark. Weil die Provinzialregierung keine Mittel mehr aufbringen konnte und um Streiks wegen ausbleibender Lohnzahlungen in den z. T. im Westteil Berlins ansässigen Baufirmen zu verhindern, mussten im Februar und März 1948 Kredite der Landes-Kreditbank in Höhe von mehr als 4 Millionen Reichsmark aufgenommen werden.[241]

Die Gründe für die Kostensteigerung waren vielfältig: Erweiterungen des Bauvolumens – z. B. um ein Großtanklager –, extreme Materialknappheit, Personalprobleme,[242] Verzögerungen durch das Misstrauen und die ständigen Interventionen sowjetischer Offiziere,[243] unerwartete Schwierigkeiten mit der Bodenbeschaffenheit. Zudem gab es Entlassungen und Verhaftungen wegen angeblich unwirtschaftlicher Auftragsvergabe und Untreue.[244] Schwer wog, dass dem Projektleiter Max Schmidt am 20. Januar 1948 gekündigt worden war. Schmidt saß nun u. a. wegen angeblich überhöhter Honorare (100.000 RM monatlich, mit denen das Baubüro mit 64 Arbeitskräften am Laufen gehalten werden musste) und unklarer Geldflüsse in Haft.[245] Nicht besser erging es seinem Kritiker und Nachfolger Ministerialrat Wilhelm Ramm einige Monate später.[246]

Und die Probleme verschärften sich noch: So musste im Oktober 1948 im zuständigen Fernsprechamt Berlin-Schöneberg ein zweiter (!) Telefonanschluss für das Bauvorhaben mit 2.500 Beschäftigten und 100 Auftragnehmern beantragt werden.[247] Es kam hinzu, dass West-Berlin inzwischen politisch selbstständig geworden war und über die Luftbrücke von den Westalliierten versorgt wurde. Ende 1950 beliefen sich die Baukosten in Schönefeld auf fast 43,6 Millionen Mark.[248] Zwar entsprach der neue Flughafen nun den Anforderungen der Besatzungsmacht, doch führte die Eigendynamik der neu entstandenen doppelten deutschen Staatlichkeit zu raschen Veränderungen.

Im Zuge der Schaffung einer eigenen Luftverkehrslinie kam die Regierung der DDR in Verhandlungen mit den sowjetischen Stellen zu einer Übereinkunft, nach der der Südteil des Geländes mit dem Gebäudekomplex in Diepensee als Zentralflughafen der DDR genutzt werden durfte. Er wurde im April 1955 von der Deutschen Lufthansa GmbH übernommen, am 4. Februar 1956 begann hier der internationale Luftverkehr. Der nördliche Bereich mit den ehemaligen Henschel-Gebäuden blieb weiterhin der sowjetischen Seite vorbehalten.[249]

66
Das Vorfeld des zum provisorischen Terminal umfunktionierten Gebäudes in Diepensee eignete sich wegen seiner spannungsvollen Perspektiven als Hintergrund von Empfängen und als Postkartenmotiv.

67
Die minimalistisch gestaltete, in der ehemaligen Lehrwerkstatt der Henschel Flugzeug-Werke untergebrachte Abfertigung des DDR-Flughafens passte stilistisch zu den 1960er Jahren. Regelmäßige Busverbindungen stellten den Anschluss nach West-Berlin sicher. Im Jahr 2016 wurde das Gebäude zugunsten des neuen Regierungsterminals abgebrochen. Damit ging ein Zeugnis der bewegten Flughafengeschichte verloren.

Mit dem Bau eines Ersatzflughafens für die sowjetischen Streitkräfte in Sperenberg etwa 40 Kilometer südlich von Berlin konnte die DDR 1958 das gesamte Flughafengelände in Schönefeld übernehmen. Die Deutsche Lufthansa der DDR ging kurz danach wegen Lizenzstreitigkeiten mit der westdeutschen Lufthansa AG in der 1958 gegründeten Interflug auf. Die Abfertigung wurde 1962 in die ehemalige Lehrwerkstatt der Henschel Flugzeug-Werke verlegt. Diese war schneller von Berlin aus zu erreichen, auch vom Westteil der Stadt; dort waren günstige Flüge von Ost-Gesellschaften beliebt. Nachdem von weiterreichenden Ausbauplänen Abstand genommen werden musste, kam mit der Fertigstellung des neuen Passagierterminals 1976 die Zeit der Provisorien in Schönefeld vorerst zu einem Ende.

68 a-d
Das Gelände der ehemaligen Henschel Flugzeug-Werke im Februar 2021. Links oben: Sitz der Flughafen Berlin Brandenburg GmbH, früher Sitz der Zentralverwaltung der Henschel Flugzeug-Werke; rechts oben: heute ein Verwaltungsbau, früher Sicherheitsgebäude samt Sitz der Werksfeuerwehr mit Schlauchtrocknungsturm; links unten: heute BER Konferenzzentrum, früher „Kameradschaftshaus"; rechts unten: bauliche Reste des früheren Zwangsarbeiterlagers V an der Waltersdorfer Chaussee.

Ein historischer Ort von europäischer Bedeutung

Die Henschel Flugzeug-Werke und ihr Flugplatz waren ein Brennpunkt europäischer Geschichte. Sie zeigen die Arbeitsweise der nationalsozialistischen Rüstungsindustrie: Zunächst gab es Arbeitsplätze für deutsche Arbeitskräfte. Angesichts der hohen Arbeitslosigkeit nach der Weltwirtschaftskrise förderte dies die Duldung, ja Zustimmung zur Diktatur. Nach Beginn des Zweiten Weltkriegs musste ein Großteil der deutschen Beschäftigten an die Front, und an ihre Stelle rückten mehr und mehr Zwangsarbeiterinnen und Zwangsarbeiter – Fremdarbeiterinnen und Fremdarbeiter, Kriegsgefangene und KZ-Häftlinge. Menschen aus ganz Europa mussten unter schrecklichen Verhältnissen für den fieberhaften Ausbau der deutschen Luftwaffe arbeiten. Die Produkte ihrer Arbeit, die dort gebauten Flugzeuge, töteten Soldaten wie Zivilisten und zerstörten viele Städte – etwa in Spanien, in Westeuropa, in Polen, auf dem Balkan und schließlich in der Sowjetunion.

Die räumliche Zentrale des staatlichen Luftwaffenterrors war das bereits 1935 fertig gestellte Reichluftfahrtministerium von Hermann Göring, einer der wichtigsten, oft zu wenig beachteten Führungsfiguren aus dem Kreis der von Rivalität bestimmten Herrschaftsclique der nationalsozialistischen Diktatur. Auch der Einfluss dieses Ministeriums auf das Bauwesen wurde und wird bis heute unterschätzt. Der Baukomplex von Görings Luftfahrtministerium in Berlin war vom Bauvolumen her das weitaus größte Ministerium, und das Flughafengebäude in Tempelhof war das größte Bauwerk der Diktatur überhaupt. Im Südwesten Berlins erstreckte sich das große Areal des 1936 – 1938 erbauten Luftgaukommandos III der Reichsluftwaffe, das später zum Headquarter der US-Armee wurde.

Der Aufbau der Luftwaffe war Görings Werk, er veränderte den Großraum Berlin radikal. Überall war Görings direkter und indirekter Einfluss städtebaulich spürbar – in Fliegerhorsten, auf Flugplätzen und Flughäfen, in Flugzeugfabriken, in Forschungsanstalten, in Wohnanlagen. Vor allem auch in Schönefeld. Neben dem Standort der Henschel Flugzeug-Werke im Südosten Berlins entstanden weitere Zentren der Luftrüstung: bei Oranienburg die Heinkel-Werke, in Rangsdorf die Bücker-Werke, in Brandenburg an der Havel die Arado-Flugzeugwerke, in Genshagen die Daimler-Benz Motoren GmbH, in Basdorf/Zühlsdorf die BMW-Flugmotorenwerke Brandenburg, in Wildau das AEG-Werk und viele andere mehr.

Die Anlagen der Luftrüstungsindustrie wurden bis heute wenig beachtet, ihre Architektur und ihr Städtebau blieben weitgehend im Dunkeln. Denn sie waren zunächst kein Gegenstand der nationalsozialistischen Propaganda, sondern Teil der heimlichen Aufrüstung, die der Versailler Vertrag verboten hatte. Unmittelbar nach 1933 setzte sich eine moderne, funktionale, wenngleich sehr strenge und oft monumentale Form von Industriearchitektur, sozialer Infrastruktur und Freiraum durch. Später, im Laufe des Krieges, wurden die frühen baulichen Anlagen erweitert – durch viele neue bewachte und eingezäunte Barackenlager. Unterkünfte für Menschen, die als minderwertig diskriminiert wurden. Der ganze Großraum Berlins verwandelte sich in eine riesige Lagerlandschaft.

1945 wurde der Flugplatz der Henschel Flugzeug-Werke von der Roten Armee besetzt, er diente nunmehr der sowjetischen Besatzungsmacht, später wurde er der zivile internationale Zentralflughafen der DDR – Spiegel der Teilung Berlins, Deutschlands, ja ganz Europas und damit wichtiges Zeugnis des Kalten Krieges, wie auch der Flughafen Tempelhof. Heute ist es nicht nur notwendig, an den nationalsozialistischen Beginn dieser lange vergessenen Geschichte europäischer Tragweite zu erinnern, das städtebauliche Erbe dieses Ortes zu erhalten und einer breiten Öffentlichkeit bekannt zu machen. Der Blick zurück verpflichtet auch zu einem aktiven Engagement für eine friedliche Zusammenarbeit in einem demokratischen Europa.

Anmerkungen

[1] Das Lager III befand sich in Berlin-Johannisthal. Materna (1933 – 1945) 2016, S. 220 – 21, 228. Die Zwangsarbeitslager wurden manchmal auch mit arabischen Zahlen beziffert. Im folgenden Text werden ausschließlich römische Zahlen für solche Lager verwendet. Dagegen erhielten die Hallen arabische Zahlen.
[2] Bongartz 1939, S. 155.
[3] Henning, o.J., S. 5.
[4] Roehlike 1939, S. 133.
[5] So die großspurigen Worte in: Bongartz 1939, S. 154 und 155.
[6] Monatsbericht September 1934.
[7] Materna (1933 – 1945) 2016, S. 45.
[8] Bongartz 1939, S. 155.
[9] Biskaborn 1937, S. 385.
[10] Bongartz 1939, S. 155.
[11] Grenzdörfer/Seifert 1997, S. 44.
[12] Monatsbericht Oktober 1935. Später wurde die Anlage noch von der Luftwaffenschmiede der Heinkel-Werke in Oranienburg übertroffen, deren Gestaltung auf Herbert Rimpl zurückging. Sollich 2013, S. 50 – 62.
[13] Biskaborn 1937, S. 385.
[14] Monatsbericht August 1934.
[15] Die Berücksichtigung des Luftschutzes hat das Reichsluftfahrtministerium schon sehr früh gefordert, vgl. etwa Monatsbericht September 1934.
[16] Biskaborn 1937, S. 386.
[17] Reichsverband der deutschen Luftfahrtindustrie 1938, S. 60.
[18] Biskaborn 1937, S. 386.
[19] Bongartz 1939, S. 155.
[20] Monatsbericht Januar 1935.
[21] Biskaborn 1937, S. 387.
[22] Bongartz 1939, S. 156.
[23] Bongartz 1939, S. 158.
[24] Monatsbericht Januar 1936.
[25] Materna (1933 – 1945) 2016, S. 61 – 63.
[26] Materna (1933 – 1945) 2016, S. 205.
[27] Henning o.J., S. 5.
[28] Ministerium für Stadtentwicklung, Wohnen und Verkehr des Landes Brandenburg 2004, S. 206.
[29] Materna (1933 – 1945) 2016, S. 52.
[30] Ministerium für Stadtentwicklung, Wohnen und Verkehr des Landes Brandenburg 2004, S. 206; Zapf 2001, S. 40.
[31] Materna (1933 – 1945) 2016, S. 53.
[32] Bongartz 1939, S. 158.
[33] Lehweß-Litzmann 2014, S. 66.
[34] Roehlike 1939, S. 135 – 138.
[35] Bongartz 1939, S. 160.
[36] Bongartz 1939, S. 160.
[37] Monatsbericht September 1939; Lehweß-Litzmann 2014, S. 64. Die Lehrwerkstätten wurden auch als Halle 11 bezeichnet.
[38] Monatsbericht Juni 1940.
[39] Die folgenden Angaben sind den Monatsberichten der Henschel Flugzeug-Werke entnommen.
[40] Monatsberichte Juli, August und Oktober 1943.
[41] Monatsbericht Dezember 1943.
[42] Monatsberichte Juli und August 1944.
[43] Assatzk 2011, S. 27; vgl. auch Litschauer 2012, S. 292 – 294, 324.
[44] Kulturlandschaft Dahme-Spreewald e. V. (Hg.) 2011, S. 129, 136, 170.
[45] Kulturlandschaft Dahme-Spreewald e. V. (Hg.) 2011, S. 170. Die Benennung von Wachtürmen erfolgt in den Zeitzeugenberichten ohne konkrete Verortung, aufgrund seiner Größe ist es aber wahrscheinlich, dass vor allem das Lager V damit überwacht wurde.
[46] Kulturlandschaft Dahme-Spreewald e. V. (Hg.) 2011, S. 162 – 164.
[47] Encyclopedia of Camps and Ghettos 2006, S. 1337.
[48] Encyclopedia of Camps and Ghettos 2006, S. 1337.
[49] Budraß/Grieger 1993, S. 122.
[50] Sattelite Camps 2018/19.
[51] Monatsbericht Februar 1933.
[52] Bongartz 1939, S. 155.
[53] Koos, 2012, S. 18 – 20.
[54] Monatsbericht März 1943.
[55] Monatsbericht November 1937.
[56] Materna (1933 – 1945) 2016, S. 96, 119.
[57] Bongartz 1939, S. 37.
[58] Monatsberichte 1940 und 1941.
[59] Novarra 1993, S, 24.
[60] Materna (1933 – 1945) 2016, S. 153.
[61] Groehler 1981, S. 374. Der Autor vermerkt zudem vergleichsweise unzureichende Leistungen des Typs.
[62] Monatsbericht März 1942.
[63] Monatsbericht Dezember 1943.
[64] Novarra 1993, S. 34.
[65] Materna (1933 – 1945) 2016, S. 188 – 189.
[66] Materna (1933 – 1945) 2016, S. 193.
[67] Materna (1933 – 1945) 2016, S. 191.
[68] Materna (1933 – 1945) 2016, S. 199.
[69] Budraß/Grieger 1993, S. 114 – 115.
[70] Materna (1933 – 1945) 2016, S. 260
[71] Budraß/Grieger 1993, S. 116 – 117.
[72] Bongartz 1939, S. 15; vgl. auch Wartmann 2011, S. 51.
[73] Materna (1933 – 1945) 2016, S. 48.
[74] Materna (1933 – 1945) 2016, S. 198, vgl. auch Budraß/Scherner/Streb 2005, S. 9.
[75] Sattelite Camps 2018/19.
[76] Budraß/Grieger 1993, S. S. 114.
[77] Monatsberichte März und August 1944.
[78] Materna (1933 – 1945) 2016, S. 219.
[79] Materna (1933 – 1945) 2016, S. 32.
[80] Materna (1933 – 1945) 2016, S. 218 – 219.

[81] Materna (1933 – 1945) 2016, S. 207.
[82] Materna (1933 – 1945) 2016, S. 97.
[83] Monatsbericht Januar 1940.
[84] Catalogus Professorum.
[85] Materna (1933 – 1945) 2016, S. 206.
[86] Monatsbericht Juli 1944.
[87] Monatsbericht Januar 1941.
[88] Füßl 2010, S. 111.
[89] Monatsberichte August und September 1943.
[90] Materna (1933 – 1945) 2016, S. 250 – 252, 257 – 258.
[91] Petzold 2010, S. 15.
[92] Petzold 2010, S. 17; Füßl 2010, S. 106.
[93] Materna (1933 – 1945) 2016, S. 202 – 204.
[94] Gleyzes 2010, S. 23; vgl. auch Kurrer 2010, S. 763 – 783.
[95] Petzold 2010, S. 18.
[96] Gleyzes 2010, S. 24.
[97] Petzold 2010, S. 18; Füßl 2010, S. 110.
[98] Füßl 2010, S. 110 – 111; vgl. auch Schmundt 2010, S. 118 – 119.
[99] Materna (1933 – 1945) 2016, S. 202 – 203, 206; Füßl, 2010, S. 132 – 137.
[100] Materna (1933 – 1945) 2016, S. 39, 53.
[101] Budrass/Grieger 1993, S. 113. Die Zahl bezieht sich auf die Henschel Flugzeug-Werke insgesamt, „die hauptsächlich am Sitz des Unternehmens in Berlin-Schönefeld beschäftigt waren".
[102] Materna (1933 – 1945) 2016, S. 75.
[103] Budrass/Grieger 1993, S. 117.
[104] Wagner 2010, S. 181. Wagner betont in diesem Kontext auch das terminologische Problem der Nivellierung, indem man durch den Begriff „Zwangsarbeit" die Lage der Zivilarbeiter aus Westeuropa mit den Bedingungen jüdischer KZ-Häftlinge gleichsetzt. Grundsätzlich zeigen die individuellen Erfahrungen der HFW-Zwangsarbeiterinnen und -arbeiter eine enorme Heterogenität der Lebens- und Arbeitsbedingungen in den Lagern der Henschel-Werke.
[105] Vgl. hierzu die vielen Briefe von Überlebenden, die in dem Band Kulturlandschaft Dahme-Spreewald e. V. (Hg.) 2011 zusammengefasst sind.
[106] Kulturlandschaft Dahme-Spreewald e. V. (Hg.) 2011, S. 145, S. 154.
[107] Zitiert nach Fransecky 2003, S. 118; vgl. auch Budrass/Grieger 1993, S. 127.
[108] Monatsberichte Mai, Juli und September 1939.
[109] Monatsbericht April 1940.
[110] Monatsberichte August 1940, August 1941.
[111] Monatsbericht September 1941.
[112] Monatsbericht September 1943.
[113] Kulturlandschaft Dahme-Spreewald e. V. (Hg.) 2011, S. 180.
[114] Budrass/Grieger 1993, S. 121.
[115] Monatsbericht Mai 1944.
[116] Dietrich /Eichholtz 1995, S. 146.
[117] Dietrich/Eichholtz 1995, S. 145; Rhode 2006, S. 121 – 137.
[118] Budrass/Grieger 1993, S. 111.
[119] Budrass/Grieger 1993, S. 122.
[120] Die folgenden Erinnerungen sind Briefen von Überlebenden entnommen, die vom Verein Kulturlandschaft Dahme-Spreewald e.V. gesammelt wurden: Kulturlandschaft Dahme-Spreewald e. V. (Hg.) 2011, S. 127 – 171.
[121] Monatsbericht August 1944.
[122] „Ausländerkrankenhaus Mahlow".
[123] Gedenkstätte Sachsenhausen, Archiv, LAG XXII-15.
[124] Die folgenden Informationen zur Organisation der KZ-Lager stammen aus Budrass/Grieger 1993, S. 127 – 131.
[125] Pagenstecher 2016.
[126] Schüler-Springorum 2010, S. 245.
[127] Klingenberg 1941, S. 85 – 87.
[128] Materna (1933 – 1945) 2016, S. 57.
[129] Bley 1939, Untertitel.
[130] Thomas/Morgan-Witts 1979.
[131] Spanien-Tagebuch des Oberstleutnant i.G. (später Generalfeldmarschall) Dr. Ing. Wolfram Frhr. v. Richthofen (Auszug), dok. in: Maier 1975, S. 109.
[132] Schüler-Springorum 2010.
[133] Corum/Turner 2020, S. 86 – 93.
[134] I./St.G. 76, Meldung über Einsatz lfd. Nr. 1/39, 01.09.1939. Polenfeldzug 1939. BArch, RL 10/344; Übersicht über die Einsätze der I./76 auf dem Kriegsschauplatz Polen seit dem 1.9.1939. Fliegerführer z.b.V., Erfolgsmeldungen der I/St.G. 76. BArch, RL 8/196, zit. n. Volkmann 2011, S. 302.
[135] Eisenbach/Dauselt 2019, S. 33.
[136] Bericht des späteren Kreisleiters von Wieluń: Vom Chaos zur Ordnung. September–Oktober 1939. In: Ein Jahr Aufbau des Kreises Wieluń, o.O. [1940], zit. n. Volkmann 2011, S. 290.
[137] Volkmann 2011, S. 300.
[138] Mattern/Kloth 2009.
[139] Materna (1933 – 1945) 2016, S. 119.
[140] Bundespräsident Steinmeier 2020.
[141] Otto 2005, S. 44.
[142] Overy 2014, S. 108 – 111.
[143] Düwel/Gutschow 2013, S. 75.
[144] Overy 2014, S. 350; Süß 2011, S. 10.
[145] Düwel/Gutschow 2013, S. 74.
[146] Smith 2012, S. 456.
[147] Süß 2011, S. 213.
[148] Süß 2011, S. 302.
[149] Schmid 2020, S. 242.
[150] Hans-Adolf Jacobsen: 1939 – 1945. Der Zweite Weltkrieg in Chronik und Dokumenten. Darmstadt 1961, S. 228, zit. n. Vogel 2001, S. 303.
[151] Keller (Hg.) 2015, S. 79.
[152] Overy 2014, S. 28.
[153] Vogel 2001, S. 305.

[154] Vogel 2001, S. 307.
[155] Operation Retribution 2021.
[156] Overy 2014, S. 895 – 896.
[157] Ulrich 2017.
[158] Overy 2014, S. 303 – 304.
[159] Otto 2005, S. 199.
[160] Diedrich 2018, S. 49 – 51.
[161] Budrass 1998, S. 15, 376.
[162] Dittrich 2005, S. 52.
[163] Verordnung über den Reichskommissar für die Luftfahrt vom 2. Februar 1933.
[164] Monatsbericht Februar 1933.
[165] Materna (1933 – 1945) 2016, S. 24 – 27.
[166] Verordnung über das Reichsluftfahrtministerium vom 5. Mai 1933.
[167] Monatsberichte Juli und August 1933; Materna (1933 – 1945) 2016, S. 30.
[168] Dittrich 2005, S. 53, 55.
[169] Dittrich 2005, S. 55 – 56. Zum Aufbau der Bauverwaltung im Reichsluftfahrtministerium vgl. ebda. S. 55 – 71.
[170] Vgl. auch Wartmann 2011, S. 7.
[171] Bongartz 1939, S. 15; Wartmann 2011, S. 7.
[172] Bongartz 1939, S. 15; Wartmann 2011, S. 103 – 105, 177.
[173] Schüler-Springorum 2010, S. 36 – 37.
[174] Kreutzmüller 2013, S. 87 – 88.
[175] Riedel 1992, S. 45.
[176] Boustedt 1937, S. 569.
[177] Budrass 1998, S. 474 – 479.
[178] Budrass/Grieger 1993, S. 116.
[179] Monatsbericht August 1944; Budrass/Grieger 1993, S. 116.
[180] Budrass/Grieger 1993, S. 116 – 17.
[181] Budrass/Grieger 1993, S. 110.
[182] Milward 1966, S. 123 – 133.
[183] Elke Dittrich verweist darauf, dass das Reichsluftfahrtministerium „bestrebt war, möglichst wenig vom wahren Ausmaß und Inhalt seiner Bauvorhaben preiszugeben […].“ Dittrich 2005, S. 70. Die Bauten der Luftwaffe waren aus Sicherheitsgründen daher auch weniger präsent in den Architekturzeitschriften als etwa die geplanten Bauten der Repräsentation von Staat und Partei. Und wenn sie vorgestellt wurden, dann oft ohne genauere Angaben. Vgl. auch Gallwitz 1940.
[184] Rhode 2018, S. 12.
[185] Gritzbach 1941, S. 156.
[186] Gritzbach 1941, S. 142.
[187] Dittrich 2005, S. 62 – 64
[188] Zum Architekten Herbert Rimpl vgl. Sollich 2013. Rimpl arbeitete bereits für die Ernst-Heinkel-Flugzeugwerke in Rostock (1934 – 1936) und für die Bücker-Flugzeugwerke bei Berlin (1935 – 1936). Ebda., S. 40 – 50.
[189] Bodenschatz/Geisenhof/Tscheschner 1993, S. 44 – 62; Dittrich 2005, S. 141 – 152.
[190] Dittrich 2005, S. 156 – 174.
[191] Dittrich 2005, S. 175 – 180.
[192] Bodenschatz/Engstfeld 1993, S. 29, 33.
[193] Zum Flughafen Staaken vgl. Mehlitz, 2021, S. 364. Staaken wurde seit 1936 zunehmend als Landeplatz für ausländische Militärs genutzt. Ebda., S. 399 – 403. Von Staaken aus starteten auch Flugzeuge zur Unterstützung der Kämpfe um Stalingrad. Ebda. S. 408.
[194] „Obwohl die Berliner Flughafengesellschaft zum Besitz der Stadt Berlin gehörte, war die tatsächliche Verfügungsmacht an Hermann Göring in seinen Eigenschaften als Chef des Reichsluftfahrtministeriums und Oberbefehlshaber der deutschen Luftwaffe übergegangen. Folgerichtig wurde sofort nach Kriegsbeginn der Zentralflughafen in den militärischen Status eines Fliegerhorstes erhoben. Heisig 2003, S. 169.
[195] Conin um 1974, S. 205 – 206. Dass zu den erwähnten „Leuten der Weser-Flugzeugwerke“ auch Zwangsarbeiterinnen und Zwangsarbeiter gehörten, wurde damals nicht erwähnt. Vgl. dazu Heisig 2003, S. 167 – 187. Die Auseinandersetzung der Berliner Flughafengesellschaft mit der Zwangsarbeit auf den Berliner Flughäfen während der Diktatur war in den 1970er Jahren noch unterentwickelt.
[196] Zum Heinkel Flugzeugwerk vgl. Bongartz 1939, S. 123 – 130; Rhode 2006; Rhode 2018. Zu den im Werk produzierten Flugzeugtypen vgl. Ernst Heinkel Flugzeugwerke 2003.
[197] Zu Leegebruch vgl. Rhode 2018, S. 39 – 189. Neben Leegebruch gab es eine weitere Werksiedlung: Die „Weiße Stadt“ bei Oranienburg. Ebda., S. 191 – 224.
[198] Sollich 2013, S. 50 – 70.
[199] Rhode 2018, S. 31 – 32.
[200] Bongartz 1939, S. 175.
[201] Sollich 2013, S. 47 – 50.
[202] Zu den Arado Flugzeugwerken vgl. Bongartz 1939, S. 161 – 166; Brekow/Dachner 2020, S. 7 – 72.
[203] Lehweß-Litzmann 2014, S. 172 – 173.
[204] Lehweß-Litzmann 2014; Ludwigsfelder Geschichtsverein 2021.
[205] Ahlbrecht 2014; Schmid-Rathjen 2014, S. 13 – 14.
[206] Monatsbericht Dezember 1943.
[207] Die Russen in Berlin 1945. 1965.
[208] Materna (1933 bis 2000) 2017, S. 16.
[209] Materna (1945 – 1963) 2016, S. 18.
[210] Groehler 1988, S. 39.
[211] Materna (1945 – 1963) 2016, S. 22/24.
[212] Plan der Demontagen in BLHA, Rep. 204A MdF, 2918.

[213] Materna (1945 – 1963) 2016, S. 20.
[214] Urkundenrolle 22, Jahr 1945 (Bl. 17 – 18); vgl. auch Aktennotiz (Bl. 29). BLHA, Rep. 203 AVE, 546. Die Umbenennung wird bei Materna (1933 bis 2000) 2017, S. 16, fälschlich als Ergebnis der Enteignung gesehen und auf März 1947 datiert.
[215] Einspruch von Rechtsanwalt Harald Graser an die Provinzialkommission für Beschlagnahme und Sequestrierung, 05.09.1946 (Bl. 13 – 14). BLHA, Rep. 203 AVE, 546.
[216] Schönefelder Industrie-Werke an Landesregierung, 27.04.1949 (Bl. 10), BLHA, Rep. 204A MdF, 2267.
[217] Treuhänder Heinz Körgell an die Provinzialverwaltung (Bl. 61), 30.03.1946, BLHA, Rep. 203 AVE, 546 und Einspruch von Rechtsanwalt Harald Graser an die Provinzialkommission für Beschlagnahme und Sequestrierung, 05.09.1946 (Bl. 13 – 14). BLHA, Rep. 203 AVE, 546.
[218] Einspruch von Rechtsanwalt Harald Graser an die Provinzialkommission für Beschlagnahme und Sequestrierung, 05.09.1946 (Bl. 13 – 14). BLHA, Rep. 203 AVE, 546.
[219] Materna (1933 bis 2000) 2017, S. 16.
[220] Materna (1945 – 1963) 2016, S. 36.
[221] Pläne in: BLHA, Rep. 220 Sonderbaubüro Schönefeld 25; (Bl. 18), Rep. 204A MdF, 2918.
[222] Schönefelder Industrie-Werke, betr. Demontage, 11.02.1947 (Bl. 42), BLHA, Rep. 204A MdF, 2918.
[223] Einspruch von Rechtsanwalt Harald Graser an die Provinzialkommission für Beschlagnahme und Sequestrierung, 05.09.1946 (Bl. 13 – 14). BLHA, Rep. 203 AVE, 546. Die Rechte und Pflichte der Treuhänder festgehalten am 14.06.1946, in: BLHA, Rep. 230, 141.
[224] Sonderbericht vom 16.03.1946 (Bl. 26 – 28), BLHA, Rep. 203, AVE 546.
[225] Kreis Teltow 01.02.1946 (Bl. 2), BLHA, Rep. 271 Eisen-Met, 424.
[226] Aktenververmerk Henschel 17.01.1946 (Bl. 4), BLHA, Rep. 271 Eisen-Met, 424.
[227] Innerbetriebliche Mitteilung vom 15.01.1946 (Bl. 6), BLHA, Rep 271 Eisen-Met, 424.
[228] Schönefelder Industrie-Werke an Landesregierung, 27.04.1949, (Bl. 10 – 11), BLHA, Rep. 204A MdF, 2267.
[229] Materna (1933 bis 2000) 2017, S. 16.
[230] Materna (1945 – 1963) 2016, S. 34.
[231] Finanzmimisterium Brandenburg an den Sonderbeauftragten Ramm, 22.01.1948, BLHA, Rep. 220 Sonderbaubüro Schönefeld, 59.
[232] Materna (1945 – 1963) 2016, S. 35.
[233] BLHA, Rep. 220 Sonderbaubüro Schönefeld, 20 und 23.
[234] Pläne in: Rep. 220 Sonderbaubüro Schönefeld, K 23 A.
[235] BLHA, Rep. 220 Sonderbaubüro Schönefeld, 24.
[236] Die Pläne befinden sich zusammen mit Kopien der Planungszeichnungen des Baustabs im Architekturmuseum der TU Berlin. https://architekturmuseum.ub.tu-berlin.de/index.php?p=51&SID=16189235358774 [23.04.2021].
[237] Liste der Baudenkmale in Schönefeld.
[238] Treuhänder Industriegelände und Bürgermeister Schönefeld an Leiter der Verwaltung für ökonomische Entwaffnung, o. D. (Bl. 28), BLHA, Rep. 204A MdF, 2918.
[239] Aktennotiz 3.7.1947, (Bl. 19), BLHA, Rep. 204A MdF, 2918. Teilungsplan und Dokumente zur Umsiedlungsaktion gemäß Befehl 116 vom 16.5.1947 und zur Enteignung gegen Entschädigung in: BLHA, Rep. 208 MfLF, 164.
[240] Finanzministerium an Kanzlei des Ministerpräsidenten am 19.3.1948, BLHA, Rep. 202A Büro MP, 140.
[241] Bericht technischer Bauleiter Gärtner, 20.03.1948 (Bl. 22), BLHA, Rep. 202A Büro MP, 140; Sonderbeauftragter Ramm an den Ministerpräsidenten, 19.03.1948 (Bl. 2), BLHA, Rep. 220 Schönefeld 59.
[242] Berichte von Max Schmidt von Juni bis Oktober 1947, BLHA, Rep. 206 MfWA, 3513.
[243] Bericht Oberbauleiter Giller 03.07.1947 (Bl. 8) und Prüfung Sonderbauüro, 14.4.1949 (Bl. 68); Baubericht 31.10.1947 (Bl. 256), BLHA; Rep. 202A Büro MP, 139; Bericht von Wilhelm Gärtner, technische Oberbauleitung, 20.3.1048 (18 – 25); BLHA, Rep. 220 Sonderbaubüro Schönefeld, 59.
[244] Vorgänge in BLHA, Rep. 202A Büro MP, 140.
[245] Haftbeschwerde Max Schmidt, 19.03.1948, BLHA, Rep. 220 Sonderbaubüro Schönefeld, 59. Anschuldigungen und ein entlastendes Gutachten in: BLHA, Rep. 206 MfWA, 3508.
[246] Materna (1933 bis 2000) 2017, S. 17.
[247] Antrag vom 27.10.1048, BLHA, Rep. 220 Sonderbaubüro Schönefeld, 31.
[248] Zusammenstellung vom 31.12.1951, BLHA, Rep. 204A MdF, 3346.
[249] Die Flughafen S-Bahn.

Zeittafel

1933 **15. Februar**
Absichtserklärung von Oscar R. Henschel, Leiter der Firma Henschel in Kassel, gegenüber Erhard Milch, dem Staatssekretär Hermann Görings (Reichskommissar für die Luftfahrt), für ein Engagement in der Luftfahrtindustrie

30. März
Gründung der Henschel Flugzeug-Werke AG in Kassel

2. September
Eröffnung der Werksanlagen der Henschel Flugzeug-Werke am Flugplatz Berlin-Johannisthal

1934 **25. Juli**
Wahl des Standorts Schönefeld/Diepensee bei Berlin als Hauptsitz der Henschel Flugzeug-Werke durch Oscar R. Henschel, Bestätigung der Wahl durch das Luftamt am 27. Juli

8. August
Einstellung des Architekten Otto Biskaborn als Leiter des Baubüros in Schönefeld durch die Henschel Flugzeug-Werke

10. Oktober
Zulässigkeitserklärung für die Enteignung des Landwirts Karl Wrede in Schönefeld zur Errichtung einer Flugzeugfabrik durch die Henschel Flugzeug-Werke, unterzeichnet von Adolf Hitler und Hermann Göring

15. Oktober
Baubeginn der Werksanlagen samt Flugplatz in Schönefeld

1935 **1. März**
Offizielle Gründung („Enttarnung") der deutschen Luftwaffe, Oberbefehlshaber: Hermann Göring

22. Dezember
Abschluss letzter Umzugsmaßnahmen, offizielle Inbetriebnahme des Schönefelder Werkes

1936 **9. Dezember**
Richtfest für die Luftfahrterprobungsstelle in Diepensee

1937 **24. Mai**
Fertigung des 1.000. Flugzeuges im Werk Schönefeld

1938 **29. März**
Wahl Oscar R. Henschels in den Schönefelder Gemeinderat

1939 **23. Februar**
Vermerk über den Dank Francos an Hitler für die „Waffenhilfe im Befreiungskampf" im Monatsbericht der Henschel Flugzeug-Werke

24. August
Unterzeichnung des Hitler-Stalin-Paktes

August
Sicherungs- und Tarnmaßnahmen an den Werksgebäuden in Schönefeld

1. September
Überfall auf Polen, Beginn des Zweiten Weltkriegs

2. September
Vermerk „Die Überlegenheit der deutschen Luftwaffe sichert die Herrschaft im polnischen Luftraum" im Monatsbericht der Henschel Flugzeug-Werke

12. November
Besuch der Schönefelder Werkstätten durch eine sowjetische Delegation

1940 **2. Januar**
Übernahme der Leitung der Forschungsabteilung F durch Prof. Herbert Wagner, Mitarbeit des Computerpioniers Konrad Zuse an der Optimierung von Gleitbomben

1941 **22. Juni**
Angriff auf die Sowjetunion

8. August
Eintreffen der ersten französischen Kriegsgefangenen in Schönefeld, Ausbau der Barackensiedlungen in den folgenden Jahren

1942 **23. August**
Beginn des Flächenbombardements von Stalingrad mit Beteiligung von Henschel-Flugzeugen der Typen Hs 123 und 129

1943 **24. und 29. Dezember**
Luftangriffe auf die Werke und Baracken in Johannisthal und Schönefeld

1944 **27. Januar**
Schwere Schäden nach alliiertem Luftangriff im Werk Schönefeld anlässlich des 191. Fliegeralarms

2. März
Planung der Verlagerung der Produktion aus Schönefeld

4. Juli
Anwerbung von SS-Aufseherinnen für zur Arbeit in den Henschel Flugzeug-Werken gezwungene KZ-Häftlinge aus Ravensbrück

1945 **22. April**
Einstellung der Produktion der Henschel Flugzeug-Werke

24. April
Besetzung des Flughafengeländes durch sowjetische Truppen

1. Mai 1945
Beginn der Demontage von Teilen der Henschel Flugzeug-Werke

8. Mai 1945
Unterzeichnung der bedingungslosen Kapitulation des Deutschen Reiches durch Generalfeldmarschall Wilhelm Keitel in Berlin-Karlshorst

30. Oktober 1945
„Befehl Nr. 124 der Sowjetischen Militär-Administration betreffend Auferlegung der Sequestration und Übernahme in zeitweilige Verwaltung einiger Vermögenskategorien"

1946 **23. Februar**
Unter-Treuhandschaft-Stellung der als „herrenlos" deklarierten Henschel-Werke seitens der Provinzialverwaltung Brandenburg

12. Mai
Beginn des Linienflugverkehrs mit einem Flug von Berlin-Schönefeld nach Warschau durch die Fluggesellschaft LOT

1947 **21. Mai**
Befehl Nr. 93 des Chefs der Sowjetischen Militär-Administration der Provinz Brandenburg zur Umgestaltung des Flugplatzes der Henschel Flugzeug-Werke in einen Flughafen Schönefeld

1955 **27. April**
Übernahme des südlichen Teils des ehemaligen Werksflugplatzes der Henschel-Werke mit der Abfertigung in Diepensee durch die Deutsche Lufthansa der DDR

Literatur

Ahlbrecht, Bernd-Rüdiger: BMW-Flugmotoren aus der Mark. In: Ahlbrecht u.a. 2014, S. 168 – 170.
Ahlbrecht, Bernd-Rüdiger/Kosanke, Klaus-Peter/Lehwes-Litzmann, Jörn/Neisser, Joachim: Historische Luftfahrtstätten in und um Berlin. Berlin 2014.
Assatzk, Mirko: Das Tempelhofer Feld. Die Nutzung des Tempelhofer Feldes in der Zeit des deutschen Nationalsozialismus (1933 – 1945). Berlin 2011.
„Ausländerkrankenhaus Mahlow" 1942 – 1945. www.gedenkort-mahlow.de/Geschichte/1942-1945-Ausl%C3%A4nderkrankenhaus-Mahlow-.php?object=tx,3185.5&ModID=7&FID=3185.17.1&NavID=3185.2&La=1 [12.05.2021].
Benz, Wolfgang/Distel/Barbara (Hg.): Der Ort des Terrors. Geschichte der nationalsozialistischen Konzentrationslager, Band 3: Sachsenhausen Buchenwald. München 2016.
Biskaborn, Otto: Die Bauten der Henschel Flugzeug-Werke. In: Monatshefte für Baukunst und Städtebau 11/1937, S. 385 – 392.
Bley, Wulf: Das Buch der Spanienflieger. Die Feuertaufe der neuen deutschen Luftwaffe. Leipzig 1939.
Bodenschatz, Harald/Engstfeld, Hans-Joachim: Zur Stadtbau- und Nutzungsgeschichte des Geländes und Umfeldes des ehemaligen Flugplatzes Johannisthal (Berlin-Treptow). Gutachten im Auftrag der Senatsverwaltung für Stadtentwicklung und Umweltschutz. Berlin 1993.
Bodenschatz, Harald/Geisenhof, Johannes/Tscheschner, Dorothea: Gutachten zur bau-, stadtbau- und nutzungsgeschichtlichen Bedeutung des „Hauses der Parlamentarier" (ehem. Reichsbankgebäude bzw. ZK-Gebäude der SED), des Treuhandgebäudes („Detlev-Rohweder-Haus", ehem. Gebäude des Reichsluftfahrtministeriums bzw. Haus der Ministerien) und des ehemaligen Staatsratsgebäudes. Im Auftrag der Senatsverwaltung für Bau- und Wohnungswesen Berlin 1993.
Bongartz, Heinz: Luftmacht Deutschland. Luftwaffe – Industrie – Luftfahrt. Essen 1939.
Boog, Horst: Die deutsche Luftwaffenführung 1933 – 1945. Stuttgart 1982.
Boustedt, Helga: Dir Kriegswirtschaft der Sowjetunion III. Die kriegswirtschaftliche Bedeutung der Sowjet-Planung. In: Osteuropa 9/1937, S. 551 – 569.
Brekow, Frank/Dachner, Hans-Georg: Die Arado Flugzeugwerke in Brandenburg an der Havel. In: Historischer Verein Brandenburg (Havel) e.V. (Hg.): Die Arado Flugzeugwerke in Brandenburg an der Havel. 29. Jahresbericht 2019 – 2020. Brandenburg an der Havel 2020, S. 7 – 72.
Budraß, Lutz: Flugzeugindustrie und Luftrüstung 1918-1945. Düsseldorf 1997.
Budraß, Lutz/Grieger, Manfred: Die Moral der Effizienz. Die Beschäftigung von KZ-Häftlingen am Beispiel des Volkswagenwerks und der Henschel-Flugzeugwerke. In: Jahrbuch für Wirtschaftsgeschichte 1993. Band 34, Heft 2, S. 89 – 136.
Budraß, Lutz/Scherner, Jonas/Streb, Jochen: Demystifying the German „Armament Miracle" During World War II. New Insights from the Annual Audits of German Aircraft Producers (January 2005). http://ssrn.com/abstract=661102 [06.05.2021].
Bundespräsident Frank-Walter Steinmeier zum Gedenken am 75. Jahrestag der Bombardierung Dresdens am 13. Februar 1945 am 13. Februar 2020 in Dresden. www.bundespraesident.de/SharedDocs/Downloads/DE/Reden/2020/02/200213-Dresden-Gedenken-Bombardierung.pdf?__blob=publicationFile [06.05.2021].
Butter, Andreas/Tornack, Sven: Junkers baut: Eine Spurensuche. (Bauhaus Taschenbuch, Band 13). Leipzig 2016.
Catalogus Professorum, Beitrag zu Herbert Wagner. Universitätsarchiv der TU Berlin. https://cp.tu-berlin.de/person/2244 [23.03.2021].
Conin, Helmut: Gelandet in Berlin. Zur Geschichte der Berliner Flughäfen. Hg. von der Berliner Flughafengesellschaft mbH. O.O., um 1974.
Corum, James/Turner, Graham: Legion Condor 1936 – 1939. The Luftwaffe develops Blitzkrieg in the Spanish Civil War. Oxford 2020.
deZeng IV, Henry L.: Luftwaffe Airfields 1935 – 45, Germany (1937 Borders). www.ww2.dk/lwairfields.html) [08.05.2021].
Diedrich, Torsten: Stalingrad 1942/1943. Ditzingen 2018.
Dietrich, Martina/Eichholtz, Dietrich: Soziale Umbrüche in Brandenburg 1943 bis 1945. In: Berlekamp, Brigitte/Röhr, Werner (Hg.): Terror, Herrschaft und Alltag im Nationalsozialismus. Probleme einer Sozialgeschichte des deutschen Faschismus. Münster 1995, S. 123 – 162.
Dittrich, Elke: Ernst Sagebiel. Leben und Werk (1892 – 1970). Berlin 2005.
Düwel, Jörn/Gutschow, Niels (Hg.): A Blessing in Disguise. War and Town Planning in Europe 1940 – 1945. Berlin 2013.
Eisenbach, Hans Peter/Dauselt, Carolus: Der Einsatz deutscher Sturzkampfflugzeuge gegen Polen, Frankreich und England 1939 und 1940. Eine Studie zur Grazer Sturzkampfgruppe I./76 und I./3. Aachen 2019.
Encyclopedia of Camps and Ghettos, Vol 1 Part A. Bloomington 2006.
Ernst Heinkel Flugzeugwerke 1933 – 1945. Königswinter 2003.

Die Flughafen-S-Bahn. www.stadtschnellbahn-berlin.de/strecken/19/index.php [07.05.2021].

Fransecky, Tanja von: Zwangsarbeit in der Berliner Metallindustrie 1939 bis 1945. Eine Firmenübersicht. Eine Studie im Auftrag der Otto Brenner Stiftung. Berlin 2003.

Füßl, Wilhelm: Katalogteil. In: Füßl, Wilhelm (Hg.): 100 Jahre Konrad Zuse. Einblicke in den Nachlass. München 2010, S. 65 – 137

Gallwitz, Karl: Fliegerhorste der Luftwaffe. In: Die Baukunst Juni 1940, S. 86 – 98.

Gleyzes, Marilyn: Rechenmaschinen von Konrad Zuse im Deutschen Museum. In: Füßl, Wilhelm (Hg.): 100 Jahre Konrad Zuse. Einblicke in den Nachlass. München 2010, S. 22 – 29.

Grenzdörfer, Joachim/Seifert, Karl-Dieter: Geschichte der ostdeutschen Verkehrsflughäfen. Bonn 1997.

Gritzbach, Erich: Hermann Göring. Werk und Mensch. München 1941.

Groehler, Olaf: Geschichte des Luftkriegs 1910 – 1980. Berlin 1981.

Groehler, Olaf: Die sowjetischen Fliegerkräfte in der Schlacht um Berlin. In: Groehler, Olaf (Hg.): Kampf um die Luftherrschaft – Beiträge zur Luftkriegsgeschichte des zweiten Weltkrieges, Berlin 1988, S. 124 – 139.

Harbers, Guido: Die deutsche Luftwaffe baut! In: Baumeister 5/1937, S. 137 – 169

Heisig, Matthias: Der Einsatz ausländischer Zwangsarbeiter für die „Weser" Flugzeugbau GmbH auf dem Flughafen Tempelhof 1940 – 1945. In: Arbeitskreis Berliner Regionalmuseen (Hg.): Zwangsarbeit in Berlin 1938-1945. Redaktion: Helmut Bräutigam, Doris Fürstenberg, Bernt Roder. Berlin 2003, S. 167 – 187.

Henning, Hans-Joachim: Die Henschel Flugzeugwerke AG. In: Henning/Ebert/Krack o.J., S. 3 – 15.

Henning, Hans-Joachim/Ebert, Hans-Joachim/Krack, Holger: Henschel – Siebel – Bramo. Flugzeugwerke in Mitteldeutschland. Schriftenreihe zur Luftfahrtgeschichte, Heft 4. Hg. von der Gesellschaft zur Bewahrung von Stätten deutscher Luftfahrtgeschichte (GBSL) e.V. O.O. o. J. (Bezug: Vorträge des Jahres 1994).

Issel, Werner: Bauten der Junkerswerke. In: Bauwelt 9/1939, S. 1 – 20.

Keller, Sven (Hg.): Kriegstagebuch einer jungen Nationalsozialistin. Die Aufzeichnungen Wolfhilde von Königs 1939 – 1946. Schriftenreihe der Vierteljahrshefte für Zeitgeschichte, Bd. 111. Oldenbourg 2015.

Klingenberg, Heinrich: Spanien gestern und heute. Königsberg 1941.

Koos, Volker: Ernst Heinkel Flugzeugwerke 1933 – 1945. Königswinter 2003.

Koos, Volker: Höhenversuchsflugzeug Henschel Hs 128 (DVL). 01.2012 durchgesehene Fassung der Erstveröffentlichung in JET+PROP 5/1997, S. 18 – 20.

Kreutzmüller, Christoph: Die Wirtschaft Berlins. In: Wildt, Michael/**Kreutzmüller, Christoph (Hg.):** Berlin 1933 – 1945. München 2013, S. 83 – 96.

Kuby, Erich: Die Russen in Berlin 1945. In: Der Spiegel, 11.05.1965. www.spiegel.de/politik/die-russen-in-berlin-1945-a-e59d0978-0002-0001-0000-000046272612 [06.05.2021].

Kulturlandschaft Dahme-Spreewald e. V. (Hg.): So war es. Zwangsarbeit in der Region Dahme-Spreewald. Zeuthen 2002 (2011).

Kulturlandschaft Dahme-Spreewald e. V. (Hg.): So war es. Zwangsarbeit in der Region Dahme-Spreewald. Dokumente. Zeuthen 2011.

Kurrer, Karl Eugen: Konrad Zuse und die Baustatik – Zur Formierung der Computerstatik (Teil 2). In: Bautechnik 12/2010, S. 763 – 783.

Lehweß-Litzmann, Jörn: Der Flugzeugbau Henschel. In: Ahlbrecht u.a. 2014, S. 63 – 67.

Lehweß-Litzmann, Jörn: Die Flugmotorenwerke von Daimler-Benz. In: Ahlbrecht u.a. 2014, S. 171 – 174.

Leitl, Alfons: Ein Klubhaus am Rangsdorfer See. In: Monatshefte für Baukunst und Städtebau 6/1937, S. 189 – 194.

Liste der Baudenkmale in Schönefeld (Wikipedia, Stand: 11.07.2020). https://de.wikipedia.org/w/index.php?title=Liste_der_Baudenkmale_in_Sch%C3%B6nefeld&oldid=201776894 [07.05.2021].

Litschauer, Maria Theresia: Architekturen des Nationalsozialismus. Die Bau- und Planungstätigkeit im Kontext ideologisch fundierter Leitbilder und politischer Zielsetzungen am Beispiel der Region Waldviertel 1938 – 1945. Wien 2012.

Ludwigsfelder Geschichtsverein e.V.: Die Geschichte des Daimler-Benz Flugmotorenwerkes Genshagen. In: Webseite Ludwigsfelder Geschichtsvereins e.V., 24. April 2021. www.ludwigsfelder-geschichtsverein.de/daimler-benz_flugmotoren_genshagen [23.05.2021]

Luftangriff auf Belgrad (Wikipedia, Stand: 18.10.2020). https://de.wikipedia.org/w/index.php?title=Luftangriff_auf_Belgrad&oldid=204676895 [07.05.2021].

Mäckler, Hermann: Ein deutsches Flugzeugwerk. Die Heinkel-Werke Oranienburg, Berlin 1940.

Maier, Klaus A.: Guernica, 26.04.1937. Die deutsche Intervention in Spanien und der „Fall Guernica". Freiburg 1975.

Materna, Horst: Die Geschichte der HENSCHEL Flugzeug-Werke in Schönefeld bei Berlin 1933 – 1945. Bad Langensalza 2010 (4. Auflage 2016).

Materna, Horst: Die Geschichte des Flughafen Berlin-Schönefeld 1945–1963. Bad Langensalza 2012 (2. Auflage 2016).

Materna, Horst: Die Geschichte des Flughafen Berlin-Schönefeld 1933 bis 2000. Bad Langensalza 2017.

Mattern, Jens/Kloth, Hans Michael: Kriegsbeginn 1939. Stukas über Wielun. 26.08.2009. www.spiegel.de/geschichte/kriegsbeginn-1939-a-948468.html [06.05.2021].

Megargee, Geoffrey P.: Encyclopedia of Camps and Ghettos, Vol 1 Part A. Bloomington 2006.

Mehlitz, Uwe: Riesenzigarren und silberne Kraniche über Berlin. Der Luftschiff- und Flughafen Staaken. Ein bedeutender Ort der Luftfahrtgeschichte. o.O. 2021.

Meyer, Winfried/Neitmann, Klaus (Hg.): Zwangsarbeit während der NS-Zeit in Berlin und Brandenburg. Formen, Funktion und Rezeption. Potsdam 2001.

Milward, Alan S.: Die deutsche Kriegswirtschaft 1939 – 1945. Stuttgart 1966.

Ministerium für Stadtentwicklung, Wohnen und Verkehr des Landes Brandenburg: Planfeststellungsbeschluss Ausbau Verkehrsflughafen Berlin-Schönefeld, B Sachverhalt, 2004, S. 205 – 282. www.berlin-airport.de/de/_dokumente/nachbarn/2004-08-13-planfeststellungsbeschluss.pdf [23.03.2021].

Mittig, Hans-Ernst: Industriearchitektur des NS-Regimes: das Volkswagenwerk. In: Beier, Rosmarie (Hg.): Aufbau West – Aufbau Ost. Die Planstädte Wolfsburg und Eisenhüttenstadt in der Nachkriegszeit. Berlin 1997, S. 51 – 63

Monatsberichte der Henschel Flugzeug-Werke

Nagel, Rolf/Bauer, Thorsten: Kassel und die Luftfahrtindustrie seit 1923. Melsungen 2015.

Das Neue Universum. Band 60. Stuttgart 1939.

Novarra, Heinz Joachim: Die deutsche Luftrüstung 1933 – 1945. Band 3: Flugzeugtypen Henschel-Messerschmitt. Koblenz 1993.

Operation Retribution (1941) (Wikipedia Stand 24.04.2021). https://de.qaz.wiki/wiki/Operation_Retribution_(1941) [22.03.2021].

Otto, Hans-Dieter: Lexikon fataler Fehlentscheidungen im Zweiten Weltkrieg. Von Alpenfestung bis Zitadelle. München 2005.

Overy, Richard: Der Bombenkrieg. Europa 1939 bis 1945. Berlin 2014.

Pagenstecher, Cord: Der lange Weg zur Entschädigung. 02.06.2016. www.bpb.de/geschichte/nationalsozialismus/ns-zwangsarbeit/227273/der-lange-weg-zur-entschaedigung [13.05.2021].

Paulsen, Friedrich: Das Luftfahrtministerium als Werk der Baukunst. In: Monatshefte für Baukunst und Städtebau 3/1937, S. 83 – 86.

Petzold, Hartmut: Konrad Zuse – ein Computerpionier. In: Füßl, Wilhelm (Hg.): 100 Jahre Konrad Zuse. Einblicke in den Nachlass. München 2010. S. 12 – 21.

Reichsverband der deutschen Luftfahrtindustrie: Herbst 1938. Berlin 1938.

Rhode, Norbert: Das Heinkel-Flugzeugwerk Oranienburg. Velten 2006.

Rhode, Norbert: Die Werksiedlungen des Heinkel-Flugzeugwerkes Oranienburg. Velten 2018.

Riedel, Matthias: Gründung und Entwicklung der Reichswerke „Hermann Göring" und deren Position in der Wirtschaftspolitik des Dritten Reiches 1935-945. In: Benz, Wolfgang (Hg.): Salzgitter. Geschichte und Gegenwart einer deutschen Stadt 1942 – 1992. München 1992, S. 41 – 77.

Roehlike, H.: Die deutsche Luftwaffe baut! In: Der Baumeister 5/1937, S. 1 – 8.

Roehlike, H.: Neue Bauten der Henschel Flugzeug-Werke. In: Monatshefte für Baukunst und Städtebau 5/1939, S. 133 – 140.

Die Russen in Berlin 1945. In: Der Spiegel 11.05.1965. www.spiegel.de/politik/die-russen-in-berlin-1945-a-e59d0978-0002-0001-0000-000046272612 [23.04.2021].

Satellite Camps, KZ-Außenlager in Berlin. Eine Spurensuche, Gedenkstätte Sachsenhausen/Initiative Außenlager Lichterfelde e.V./Thomas Irmer, o. O. 2018/19.

Schmid, Sanela: Deutsche und italienische Besatzung im Unabhängigen Staat Kroatien 1941 bis 1943/45. Oldenbourg 2020.

Schmid-Rathjen, Claudia: Wer für die Zukunft plant, stößt auf Spuren der Vergangenheit. In: Amtsblatt für die Gemeinde Wandlitz vom 21.06.2014, S. 13 – 14.

Schmundt, Hilmar: Rassenforschung am Rechner. In: Der Spiegel 24/2010, S. 118 – 119.

Schüler-Springorum, Stefanie: Krieg und Fliegen. Die Legion Condor im Spanischen Bürgerkrieg. Paderborn 2010.

Smith, Adrian: Coventry zwischen Krieg und Versöhnung. In: Boer, Pim den/Duchhardt, Heinz/Kreis, Georg/Schmale, Wolfgang (Hg.): Europäische Erinnerungsorte. Band 2: Das Haus Europa. Oldenburg 2012, S. 455 – 463.

Sollich, Jo: Herbert Rimpl (1902 – 1978). Architekturkonzern unter Hermann Göring und Albert Speer. Architekt des Deutschen Wiederaufbaus. Bauten und Projekte. Berlin 2013.
Süß, Dietmar: Tod aus der Luft. Kriegsgesellschaft und Luftkrieg in Deutschland und England. Bonn 2011.
Thomas, Gordon/Morgan-Witts, Max: Der Tag, an dem Guernica starb. Köln 1979.
Tietz, Jürgen: Schönefelder Bruchlandung Denkmalpflege? Das Generalshotel. In Der Tagesspiegel Online 14.09.2010. www.tagesspiegel.de/kultur/das-generalshotel-schoene-felder-bruchlandung-denkmalpflege/1932770.html [06.05.2021].
Ulrich, Bernd: Beginn der Schlacht um Stalingrad. In: Deutschlandfunk 23.08.2017. www.deutschlandfunk.de/vor-75-jahren-beginn-der-schlacht-um-stalingrad.871.de.html?dram:article_id=394072 [06.05.2021].
Vogel, Detlef: Operation „Strafgericht“. Die rücksichtslose Bombardierung Belgrads durch die deutsche Luftwaffe am 6. April 1941. In: Wette, Wolfram/Ueberschär, Gerd R.: Kriegsverbrechen im 20. Jahrhundert. Darmstadt 2001, S. 303 – 308.
Volkmann, Hans-Erich: Wolfram von Richthofen, die Zerstörung Wieluńs und das Kriegsvölkerrecht. In: Militärgeschichtliche Zeitschrift Band 70, Heft 2/2011, S. 28 – 328.
Wagner, Jens-Christian: Zwangsarbeit im Nationalsozialismus – Ein Überblick. In: Binner, Jens/Knigge, Volkhard (Hg.): Zwangsarbeit: die Deutschen, die Zwangsarbeiter und der Krieg. Begleitband zur Ausstellung der Stiftung Gedenkstätten Buchenwald und Mittelbau-Dora. Weimar 2010, S. 180 – 193.
Wartmann, Klaus: Henschel-Flugzeuge 1933 – 1945. Bad Langensalza 2011.
Zapf, Jürgen: Flugplätze der Luftwaffe 1934 – 1945 – und was davon übrig blieb. Band 1 Berlin & Brandenburg. Zweibrücken 2001.

Archive

Architekturmuseum TU Berlin, Bestand HH 0341.
Archiv Gedenkstätte Sachsenhausen, LAG XXII-15.
Brandenburgisches Landeshauptarchiv (BLHA):
Rep. 202A Büro MP, 139;140; Rep. 203 AVE, 546; Rep. 204A MdF, 2267; 3346; Rep. 206 MfWA, 3508; 3513; Rep. 208 MfLF, 164; Rep. 220 SBB Schönefeld, K 8 A/ÜF, K 59 A, K 87 A Rep. 230, 141; Rep. 271 Eisen-Met, 424.
Henschel-Museum und Sammlung e.V., Kassel:
Monatsberichte der Henschel Flugzeug-Werke; Fotosammlungen; Werkszeitschrift „Der Henschelstern“; Archiv der Familie Henschel (Bestand 4.1).

Abbildungen

Autorin und Autoren

Harald Bodenschatz
Center for Metropolitan Studies
an der TU Berlin

Christoph Bernhardt
Leibniz-Institut für Raumbezogene
Sozialforschung (IRS) Erkner

Stefanie Brünenberg
Leibniz-Institut für Raumbezogene
Sozialforschung (IRS) Erkner

Andreas Butter
Leibniz-Institut für Raumbezogene
Sozialforschung (IRS) Erkner

Danksagung

Wir danken für Hinweise und Unterstützung:

Prof. Dr. Uwe Altrock/Kassel;
Dr. Lutz Budrass/Ruhr-Universität Bochum;
Martin Bock/Stiftung „Erinnerung, Verantwortung und Zukunft" (Stiftung EVZ) Berlin;
Ursula Bodenschatz, Berlin;
Brandenburgisches Landeshauptarchiv Potsdam;
Irmtraud Carl und Gudrun Keil/Kulturlandschaft Dahme-Spreewald e.V. Zeuthen;
Prof. Dr. Stefanie Endlich/Berlin;
Gesellschaft zur Bewahrung von Stätten Deutscher Luftfahrtgeschichte (GBSL) e.V. Berlin;
Dr. Ulrich Hartung/Berlin;
Heimatverein Rudow e.V.;
Thomas Irmer/Berlin;
Frauke Kerstens/Gedenkstätte Sachsenhausen;
Kreisarchiv Dahme-Spreewald;
Horst Materna/Berlin;
Andreas Matschenz/ Landesarchiv Berlin;
Harald Rockstuhl/Bad Langensalza;
Dr. Jo Sollich/Berlin;
Helmut Weich/Henschel-Museum und Sammlung e.V., Kassel

Impressum

Herausgeber:
Flughafen Berlin Brandenburg GmbH
12521 Berlin

www.berlin-airport.de

V.i.S.d.P.:
Hannes Stefan Hönemann

Projektleitung:
Sabine Deckwerth

Gestaltung:
andesee Werbeagentur GmbH & Co. KG

Redaktion:
Sabine Deckwerth, Nicole Päuser

Quedlinburger Str. 11
10589 Berlin

www.wasmuth-verlag.de

Stand: April 2022

Printed in Germany

ISBN